Heiko Bräuning (Hrsg.)

Hoffnungs-geschichten

22 wahre Lebens-berichte

Band 2

cap-books

Bestell-Nr.: 52 50511
ISBN 978-3-86773-309-0

Alle Rechte vorbehalten
© & ℗ 2018 cap-books
Oberer Garten 8
D-72221 Haiterbach-Beihingen
07456-9393-0
info@cap-music.de
www.cap-music.de

Transkription: Linda J. Heims
Lektorat: Melissa Sailer
Umschlaggestaltung: Olaf Johannson, spoon design

Bei den Interviews handelt es sich um transkribierte Versionen der Fernsehsendung „Stunde des Höchsten". Für den Druck wurden sie leicht überarbeitet.

Kontakt für Konzerte, Lesungen und Vorträge:
Heiko.braeuning@t-online.de

Inhaltsverzeichnis

Vorwort (Heiko Bräuning) 7

Querschnittgelähmter Künstler 11
(Lars Höllerer)

Der blinde Pfarrer 19
(Hanna Josua)

**Maxifreude in Moll –
Kind Nummer 7: Downsyndrom** 25
(Bea und Max Seitz)

Diagnose Brustkrebs 33
(Charlotte Griesing)

Glücklich verheiratet in zweiter Ehe 39
(Dr. Hans und Renate Schaude)

Losgelöst von den Fesseln des Alkohols 47
(Franz Mayer)

Tsunami überlebt 53
(Georg und Margret Hinderberger)

**Gott war in meinem Leben gestorben –
ich hatte ihn für tot erklärt** 59
(Hans-Dieter Ruf)

„Ihr Kind ist Autist" 65
(Karin Bockstahler)

Ausweg aus der Sucht 71
(Karin Friedle-Unger)

Gerade das Anderssein ist das Wertvolle 77
(Karin und Michael Agotz)

Kunst für Gott 85
(Katja Voßeler)

Leben im Hier und Heute 91
(Reinhard Börner)

Pfarrer trotz Sehbehinderung 95
(Thomas Mann)

Jahrelanges Doppelleben 103
(Peter Stegmann)

Herausforderung Gehörlosigkeit 111
(Salome, Simone und Heiner Gutwein)

Leben mit Multiple Sklerose 119
(Sigrid und Volker Teich)

Ein Herz für gehörlose Alkoholiker 127
(Walter und Gerlinde Großmann)

Zurück ins Leben gefunden 133
(Wolfgang Heimrath)

Offizier und Manager 139
(Dr. h. c. Franz-Jürgen Weise)

Gott hilft spätestens rechtzeitig 145
(Christine Papajewski)

Gott kann jeden gebrauchen 151
(Werner Ambacher)

Themen

Behinderung und Einschränkung

Maxifreude in Moll – Kind Nummer 7: Downsyndrom
(Bea und Max Seitz)

Der blinde Pfarrer (Hanna Josua)

Gerade das Anderssein ist das Wertvolle (Karin und Michael Agotz)

„Ihr Kind ist Autist" (Karin Bockstahler)

Querschnittgelähmter Künstler (Lars Höllerer)

Herausforderung Gehörlosigkeit (Salome, Simone und Heiner Gutwein)

Ein Herz für gehörlose Alkoholiker (Walter und Gerlinde Großmann)

Pfarrer trotz Sehbehinderung (Thomas Mann)

Gott kann jeden gebrauchen (Werner Ambacher)

Krankheit

Diagnose Brustkrebs (Charlotte Griesing)

Ausweg aus der Sucht (Karin Friedle-Unger)

Leben im Hier und Heute (Reinhard Börner)

Leben mit Multiple Sklerose (Sigrid und Volker Teich)

Gott hilft spätestens rechtzeitig (Christine Papajewski)

Glaube im Beruf und Dienst

Offizier und Manager (Dr. h. c. Franz-Jürgen Weise)

Zurück ins Leben gefunden (Wolfgang Heimrath) Kategorie richtig???

Leid und Verfolgung

Glücklich verheiratet in zweiter Ehe (Dr. Hans und Renate Schaude)

Tsunami überlebt (Georg und Margret Hinderberger)

Lebenswende

Losgelöst von den Fesseln des Alkohols (Franz Mayer)

Gott war in meinem Leben gestorben – ich hatte ihn für tot erklärt (Hans-Dieter Ruf)

Kunst für Gott (Katja Voßeler)

Jahrelanges Doppelleben (Peter Stegmann)

Nur intern für Nils, hinten an Buchschluss rein:

Hinweis auf Band 1 (siehe eigenes Manuskript)

Anzeige Zieglersche (bleibt wie bei Band 1)

Anzeige „Stunde des Höchsten" (bleibt wie bei Band 1)

Vorwort von Heiko Bräuning

Die Hoffnung stirbt zuletzt … ist eine Volksweisheit. Was zur Volksweisheit wird, sind gemachte Erfahrungen, Gefühle, Erlebnisse. Und so haben es eben schon sehr viele Menschen erfahren: es gibt immer wieder neue Hoffnung. In der Zwischenzeit haben wir über 400 Fernsehgottesdienste gefeiert, gedreht, gesendet. Und in jedem kam eine Person zu Gast, die aus ihrem Leben erzählte. Nicht unbedingt mit einem großen Namen, aber mit einer interessanten Geschichte!

Und es ist immer wieder beeindruckend: die Gäste gehen uns nicht aus. Immer und immer wieder lernen wir Menschen kennen, die ihr Leben auf wunderbare Weise gemeistert haben und zum Segen geworden sind. Sie sind nicht vom Tellerwäscher zum Self-Made-Millionär geworden, sie haben nicht nach spektakulärem Gebet auf die Krücken verzichten müssen und der Krebs war weg. Nein, sie haben ihr Schicksal oftmals angenommen, gelernt damit umzugehen und Gott keine Vorwürfe gemacht. Sondern mit ganz viel Geduld und Tapferkeit ausgehalten, durchgehalten und festgehalten an der Hoffnung. Wohlgemerkt, diese Hoffnungsmenschen und Mutmacher tragen keine großen Namen, sie sind überall. Und jeder Mensch ist es wert, gehört zu werden. Jede Biografie verdient es, erzählt zu werden. Und so schickt Gott lebendige Zeugen seiner Liebe landauf landab wie personifizierten Segen unter das Volk!

Da ist Lars Höllerer. Mit 20 fährt er sein Motorrad gegen einen Baum. Ist vom Hals ab querschnittgelähmt. Zunächst hadert er mit Gott und seinem Schicksal. Merkt aber, dass das nichts bringt. Umbringen kann er sich auch nicht. In der Therapie findet er zum Malen. Wird Mundmaler und schließt Frieden mit Gott.

Peter Stegmann. Sieht nur noch den Ausweg darin, dass er sein Auto gegen einen Brückenpfeiler auf der Autobahn rast. 20 Jahre Doppelleben, Betrug und Lüge waren aufgedeckt worden. Seine Welt brach in einem Augenblick zusammen. Sexsucht und Abhängigkeit von Pornos brachten den Vorzeigeunternehmer an den Rand des Ruins. Bei seinem Bruder fängt er neu an.

Werner Ambacher, Pfarrer und nur noch zehn Prozent Augenlicht. Fast erblindet ertastet er sich den Weg zu den Menschen mit seinem Blindenstock. Er stößt an Grenzen. Er bahnt sich Wege im Gottvertrauen. Er braucht Hilfe und findet unzählige wertvolle Beziehungen.

Die Hoffnung stirbt zuletzt. Danke für alle, die auf den ersten Band so ermutigende Rückmeldungen gegeben haben. Danke an alle, die sich nach den Fernsehgottesdiensten immer wieder melden und beeindruckt sind von den Zeugen, von den vielen kleinen personifizierten Salzkörnern und Lichtfunken in der Welt!

Danke, wenn Sie selbst auch mutig das Wort ergreifen und uns Ihre Lebensgeschichte erzählen! Oder vielleicht kennen Sie einen Menschen, von dem Sie sagen: Der hat sein Leben wunderbar gemeistert! Schreiben Sie uns:

post@stunde-des-hoechsten.de

Viel Freude mit den Hoffnungsgeschichten! Und viel Segen!

Heiko Bräuning

Querschnitt-gelähmter Künstler

Lars Höllerer

Wir sind heute zu Gast in einem ganz besonderen Lebens-, Wohn- und Arbeitsraum. Hier lebt er, hier arbeitet er: Lars Höllerer. 1969 geboren, 1991 durch einen schweren Motorradunfall querschnittgelähmt. Heute ist er Künstler, malt mit dem Mund, und ich freue mich, dass wir hier mit der Stunde des Höchsten zu Gast sein dürfen.

Lars, was ist denn damals passiert, 1992?

Ich bin zusammen mit Freunden mit dem Motorrad nach Markdorf auf den Gehrenberg gefahren. Wir wollten einfach nur eine kleine Spritztour machen und danach zum Kaffee einkehren. Auf dem Rückweg ist es dann passiert, auf einer Serpentine. Ich weiß selber gar nichts mehr davon, glücklicherweise vielleicht. Ich bin irgendwie ausgerutscht und mit meinem Genick gegen einen Baum geprallt. Dadurch waren dann der vierte und fünfte Halswirbel total kaputt und auch alle Nerven darin. Die sind zuständig für die Bewegung und die Sensibilität. Das ist jetzt alles weg. Von den Schultern abwärts spüre ich nichts mehr und kann auch nichts mehr bewegen.

Wie alt warst du damals?

Ich war einundzwanzig.

Wünscht man sich da im Nachhinein nicht, dass man gar nicht mehr aus der Narkose aufgewacht wäre, damit man so etwas nicht erleben muss?

Ja, die ersten Jahre habe ich immer wieder an Selbstmord gedacht. Ich habe mir schon eine Stelle am Bodensee ausgesucht, an der ich dann mit dem Rollstuhl reinfahren kann, denn viele andere Möglichkeiten blieben nicht. Selbst erschießen kann man sich nicht, selbst Tabletten nehmen kann man nicht und so wäre das dann die einzige Möglichkeit gewesen. Denn alles war auf einmal weg. Die ganzen Sachen, die ich früher geliebt habe: Sport, Reisen, in die Disko gehen, was man halt so mit Freunden in dem Alter macht. Und das war alles nicht mehr möglich. Da muss man dann erst mal neue Wege finden und das dauert seine Zeit.

Über diese neuen Wege sprechen wir gleich noch ... Du hast keinen Selbstmord begangen, du hast das Ganze überlebt.

Glücklicherweise ...

Was hat dir dann immer wieder geholfen, weiterzuleben und nicht doch dem Leben ein Ende zu setzen?

Am Anfang war es natürlich meine Familie, weil ich merkte, dass es einfach egoistisch gewesen wäre, das zu tun.

Deine Familie hat zu dir gestanden?

Ja, und das ist nicht selbstverständlich. Mein Vater hat hier einen Anbau gemacht und sie haben für mich ihr ganzes Leben auf den Kopf gestellt. Am Anfang habe ich Gott eigentlich nur verflucht – wie konnte er den tollen Lars so einfach in den Rollstuhl setzen? So was passiert anderen, aber doch nicht einem selber. Ich habe mein Leben lang immer gedacht, dass es irgendetwas Höheres gibt. Aber die erste Zeit habe ich nur mit Gott gehadert und ihn dafür verantwortlich gemacht, obwohl ich ja eigentlich selber zu dumm war, Motorrad zu fahren.

Hat Gott sich irgendwie gerechtfertigt bei diesen Anklagen, die du vorgebracht hast?

Nein, er hat es still ertragen. Eine Zeitlang wollte ich auch nichts von ihm wissen. Das kam dann erst nach und nach.

Wenn man sich hier im Atelier umschaut ... Du hast ein wunderschönes Bild von Jesus mit der Dornenkrone auf dem Kopf. Hinter mir ist die Taufurkunde, 2009 hast du dich taufen lassen. Auf deinem Schreibtisch steht eine Tafel „Ich bin bei dir alle Tage bis ans Ende dieser Zeit" – das alles deutet ja auf ziemlich viel Gottvertrauen.

Ja, mit der Zeit kam das. Es kamen dann so viele schöne Momente. Ich habe so viele tolle Menschen getroffen. Es sind so viele Ereignisse gekommen, obwohl ich am Anfang ja dachte, es sei alles aus, weil ich jetzt im Rollstuhl sitze. Über die Jahre habe ich einen ganz anderen Blick aufs Leben bekommen, ich musste neue Prioritäten setzen. Durch all die tollen Dinge, die ich trotz meiner Situation erlebt habe, bin ich eines Besseren belehrt worden.

Kannst du uns hineinnehmen in ein oder zwei Beispiele von solchen tollen Dinge, die dir das Leben gegeben hat?

Ich habe viele unerwartete Geschenke bekommen. Das fing schon damit an, dass ich in der Reha-Klinik viele Menschen getroffen habe, die mich aufgebaut haben. Wie gesagt, auch die Familie stand zu mir. Dann kam die Malerei, die ich eigentlich nur angefangen habe, damit der Tagesablauf im Krankenhaus nicht so langweilig war. Daraus ist eine echte Leidenschaft geworden, sodass ich dieses Hobby auch mit nach Hause genommen habe. Dort habe ich dann erstmal autodidaktisch gemalt, bis eine Freundin zu mir kam und mir sagte, dass es hier in der Nähe eine Kunstakademie gibt. Dort habe ich dann sechs Jahre studiert und habe alles gelernt, was ich jetzt kann.

Normalerweise malt man ja mit den Händen, aber das geht bei dir nicht mehr. Du malst jetzt mit dem Mund. Das kann man lernen und sogar als Profi Geld damit verdienen.

Glücklicherweise gibt es die Vereinigung der mund- und fußmalenden Künstler, die Postkarten und Kalender herausgeben. In der Zwischenzeit habe ich darüber auch zwei Kinderbücher verlegt, die ich gemalt und geschrieben habe. Von der Vereinigung habe ich zuerst ein Stipendium bekommen, womit ich meine Malutensilien und die Kunstschule bezahlen konnte, und danach bin ich dort Vollmitglied geworden, wodurch ich jetzt ein monatliches Gehalt bekomme und unabhängig von staatlicher Hilfe leben kann.

Durch deine Bilder bist du anderen zum Segen geworden. Was bedeutet dir die Malerei heute? Ist es Zeitvertreib oder ist es Leidenschaft?

Das ist Zeitvertreib, Leidenschaft und Beruf zugleich. Und es ist eben auch ein Geschenk, das ich von Gott bekommen habe und für das ich sehr dankbar bin.

Was malt er denn am Liebsten, der Lars Höllerer?

Das ist ganz unterschiedlich. Mal sind es Kindermotive, mal ist es Pop Art, mal Akt, mal Landschaften. Jetzt bin ich gerade an kleineren Motiven dran, die 20 cm x 20 cm groß sind und bei denen man einen ganz anderen Pinselstrich hat als bei einer Größe von 1 m x 1,20 m, bei der man dann das Bild immer auf den Kopf drehen lassen muss, damit man mit dem Pinsel überall hinkommt, weil man ja nur einen gewissen Radius hat.

Stecken in deinen Bildern auch Träume, Wünsche drin, die du so zum Ausdruck bringst? Vielleicht auch Träume von Dingen, die man gar nicht mehr erreichen kann?

Indem ich male, gelange ich in eine andere Welt. Das liegt gar nicht so sehr am Motiv. Ich bin ganz in die Arbeit vertieft und habe eine gewisse Achtsamkeit des Moments. Das ist wie eine Meditation. Ich male gerne Landschaften, in die man sich hineinträumen kann. Wenn im Krankenhaus damals etwas Abstraktes hing, konnte ich damit weniger anfangen, als mit einer schönen Landschaft, bei der man sich dann vorstellt, man würde jetzt dort im schönen Sonnenschein sitzen.

Die Arme, Beine funktionieren nicht mehr, aber der Kopf funktioniert und da sind immer noch Träume, Wünsche und Hoffnungen?

Die Hoffnung, dass ich irgendwann mal zu Gott komme. Keine Angst vor dem Tod, sondern eine gewisse Vorfreude, ohne lebensmüde zu sein. Ich freue mich am Leben und wenn mit meinem Pfleger und mit meiner Gesundheit alles okay ist. Manchmal bin ich zufriedener als vor dem Unfall, weil ich jetzt weiß, was ich habe und was ich nicht habe. Davor hat man sich manchmal über jede Kleinigkeit aufgeregt und heute denkst du, das geht auch vorbei.

Und doch hast du aufgrund deines schweren Schicksals auch mit Gott gehadert. Was hat dann die Wende gebracht, sodass sich Lars Höllerer sogar taufen ließ?

Das waren viele Dinge. Ich hatte mal einen Zivildienstleistenden als Pfleger, der auch in meiner jetzigen Gemeinde ist. Der hat mich mal dorthin eingeladen, und ich bin auch hingegangen und es hat mir gefallen. Dieser frühere Pfleger ist jetzt einer der Pastoren, von ihm habe ich viel über die Bibel gelernt und auch selbst mehr darin gelesen. In meinem Herzen merke ich, dass es einen Gott gibt und wenn ich manchmal im Bett liege und an ihn denke, dann ist es ein absolut warmes Gefühl. Ich weiß einfach, dass ich geborgen bin, egal was im Leben hier passiert.

Gott hat dir also neue Hoffnung und einen neuen Horizont gegeben?

Ja, ich versuche, nicht zu viel nach hinten zu schauen, und auch nicht zu viel nach vorne in die Zukunft. Man weiß nicht, was kommt, und wenn schlechte Nachrichten im Fernsehen laufen, ist das auch kontraproduktiv. Ich versuche, in der Gegenwart zu leben, und mit der hat man manchmal genug zu tun.

Zwei Fragen zum Schluss noch: Was ist das schönste Erlebnis, auf das du dich momentan freust?

Auf den Frühling, weil ich immer viele Kältemissempfindungen habe und wenn die Sonne scheint, ab 20° C aufwärts, blühe ich richtig auf.

Was hast du für eine Botschaft an Menschen, die nicht positiv nach vorne schauen können?

Die kann ich auch verstehen. Ich hatte auch eine lange, lange Zeit, in der ich gehadert habe und es mir nicht gut ging. In meiner Situation kann ich heute sagen, ich bin froh, dass ich weitergemacht habe. Vielleicht ist das auch ein Ansatzpunkt für Leute, die gerade ganz tief drinstecken: Es wird wieder schöne Momente geben, auch wenn man im Moment denkt, dass es nicht weitergeht und alles trist ist. Aber ich glaube, dass es immer Dinge gibt, für die es sich lohnt, weiterzumachen und die Situation irgendwie durchzustehen.

Mehr zu Lars Höllerers Kunst finden Sie auf seiner Homepage: www.kunst-mit-dem-mund.de

Der blinde Pfarrer

Hanna Josua

Er ist blind. Aber nicht blind geboren. Er verlor sein Augenlicht, kurz nachdem er geheiratet hatte. Dr. Hanna Josua ist Theologe, Politikwissenschaftler, Leiter des Evang. Salam-Center und Leiter der arabisch-evangelischen Gemeinde Stuttgart. Und das alles als blinder Pfarrer. Er ist verheiratet und hat fünf erwachsene Kinder.

Nicht blind geboren, aber erblindet. Wie kam es dazu?

Ich bin ganz normal geboren, aber im dritten Lebensjahr bin ich an Typhus und verschiedenen anderen Krankheiten erkrankt, die zu einer Sehbehinderung führten. 1984, eineinhalb Jahre nach meiner Hochzeit, ist es zu einer völligen Erblindung gekommen.

Das heißt, Sie wissen, wie Ihre Frau aussieht, Sie haben sie schon gesehen.

Sie bleibt in meinen Gedanken die ewig junge hübsche Dame.

Das ist auch schön. Hadern Sie ab und zu mit Ihrem Augenschicksal?

Ja, natürlich. Ich muss immer wieder ein Ja suchen und finden. Und ich frage mich des Öfteren: Warum muss es so sein, wieso kann es nicht anders sein? Vor allem, wenn zum Beispiel ein großartiges Fest stattfindet. Im Mai habe ich meinen Sohn getraut. Sein Gesicht, der Blickkontakt zu ihm und seiner Frau hat einfach gefehlt. Dann ist man innerlich in einer Anfechtung. Das ist schon des Öfteren in meinem Leben geschehen. In solchen Momenten muss ich dann wieder das Ja Gottes finden, weil ich gewiss bin, dass Gottes starke Hand, die meinen Lebenslauf geschrieben hatte, bevor ich geboren bin, weiß, wozu diese Blindheit auch gut ist. Und ab und zu muss ich auch Ja sagen oder mir bewusst machen, dass er mit mir ist, auch in dieser schwierigen Situation.

Gehen wir in Ihrem Lebenslauf noch ein Stück nach vorne. Sie stammen gebürtig aus dem Libanon.

Ich bin in der Südosttürkei geboren, aufgewachsen in Beirut und seit 1980 in Deutschland. Meine Vorfahren stammen aus dem Südosten der Türkei und sind nach dem Armenien-Massaker in den Libanon geflohen. Dort haben sie sich dann niedergelassen. Aber nachdem vor mir drei Töchter auf die Welt kamen, hat meine Mutter ein Gelübde abgelegt: Wenn das vierte Kind ein Sohn ist, dann will sie ihn in der Türkei vom Opa taufen lassen. Und das ist auch geschehen.

Das heißt, Ihre Familie ist christlich und nicht muslimisch.

Ja, genau. Wir gehören quasi zur Urchristenheit, zur Urgemeinde.

Darf ich Sie provozierend fragen: Wäre es heute nicht wichtiger, als Pfarrer und als Christ im Libanon zu sein und dort den Menschen zu helfen, als im sicheren Deutschland zu wohnen und zu arbeiten?

Wenn ich im Libanon geblieben wäre, hätte ich erstens wahrscheinlich gar nicht die Möglichkeit gehabt, Pfarrer zu werden. Zweitens war die Denkrichtung ursprünglich eine ganz andere. Ich dachte, ich werde Politiker und habe Politikwissenschaft, internationale Beziehungen und Islamkunde studiert, und wollte gerne dort im Libanon Brücken bauen zwischen Christen und Muslimen. Dann kam ich während des Bürgerkrieges nach Deutschland, um hier ein paar Jahre zu arbeiten. Ich half, die arabische Bibel in der ersten Auflage von 1875 neu aufzulegen. Und eigentlich dachte ich, dass ich dann zurückkehre oder weitergehe und in derselben Richtung weiterstudiere. Aber dann hat eine Frau meine Wege gekreuzt und mich im Schwabenland behalten.

Wenn Sie heute als Christ, als Pfarrer dort im Libanon leben würden, wären Sie eventuell auch Flüchtling. Oder würden Sie dort bleiben, egal wie groß die Bedrängnis ist?

Ich würde dort bleiben, wo Gott mich hinstellt. Es ist eine rein hypothetische Frage, aber ich habe einige

Male in Betracht gezogen, ob es eventuell nicht an der Zeit wäre, dass ich in den Nahen Osten zurückkehre. Nachdem unsere Kinder nun auch aus dem Haus sind. Um dort einen ermutigenden Dienst zu verrichten, aber es hat sich momentan noch nicht ergeben.

Jetzt kommen ja gerade ganz viele Menschen aus den Nachbarstaaten zu uns. Flüchtlinge aus Syrien, aus dem Irak. Sie haben mit ihnen auch vor Ort in Ihrer arabischen Gemeinde zu tun. Was benötigen diese Menschen?

Sie brauchen zunächst einmal jemanden, der sie darüber aufklärt, was ihre Rechte und Pflichten sind. Jemanden Vertrauenswürdiges, der sie an der Hand nimmt und ihnen sagt, wo es lang geht und wie Dinge anzugehen sind. Aber wir haben auch Deutschunterricht für Flüchtlinge, die frisch gekommen sind, und wir haben sozialdiakonische Dienste. Dann laden wir die Leute, die gerne kommen wollen, auch in den arabischen Gottesdienst ein.

Jesus sagt ja einmal in einer großartigen Rede im Lukasevangelium: „Ihr werdet hören von Kriegen und Kriegsgeschrei, ihr werdet verraten werden von Eltern, Brüdern, Verwandten und Freunden. Man wird einige von euch töten, und ihr werdet gehasst sein um meines Namens willen ..." Sehen Sie in den Ereignissen, die uns gerade hier betreffen, mit denen wir zu tun haben, irgendeinen heilsgeschichtlichen Hintergrund? Oder einen besonderen Abschnitt in der Heilsgeschichte?

Es ist durchaus möglich, dass sich momentan die Situation so entwickelt, und manchmal hat man den

Eindruck, dass das, was Samuel Huntington in seinem Buch „Kampf der Kulturen" über den sunnitisch-schiitisch machtpolitischen Kampf im Nahen Osten und in Nordafrika sagt, nun Realität wird. Nämlich, dass es zu einer solchen Situation führen könnte, dass wir Israel auf der einen Seite und, ich sage mal, eine andere Macht auf der anderen Seite haben, die verbunden ist mit Russland oder mit China oder mit wem auch immer. Und dass dies dazu führen kann, dass dort ein tatsächlicher Kampf, wie es in der Offenbarung steht, stattfindet. Das ist eine Lesart, die nicht abwegig ist. Wobei ich jetzt hier keine Schwarzmalerei an den Tag legen will. Aber man sollte in der internationalen Politik wirklich wachsam sein, dass diese Aussortierung und Vertreibung von Minderheiten nicht stattfindet, sondern dass Toleranz dargeboten wird. Die EU und die Großmächte müssen sich für diese Toleranz einsetzen, vor allem für die Minderheiten, die aufgrund des machtpolitischen Kampfes, der im Nahen Osten gerade stattfindet, am meisten Not leiden.

Stellen Sie sich vor, Sie erreichen in diesem Fernsehgottesdienst über 400 000 Menschen in Deutschland, Schweiz und Österreich. Was würden Sie diesen Christen Ermutigendes an die Hand geben, gerade hinsichtlich dieser Flüchtlingsproblematik?

Ich würde sagen, jeder von uns soll in seinem eigenen Umfeld aktiv sein und die sichtbare, greifbare Liebe Christi zeigen, denn Gott ist nicht in Dogmensätzen zu fassen, sondern er wird in unserem Leben in Raum und Zeit real. Ich lade jeden Menschen ein, auf Menschen zuzugehen und nicht von der Angst besessen zu sein, dass diese Menschen mir sozusagen das letzte Hemd wegnehmen, sondern ihnen wirklich zeigen, wer wir als Christen sind.

Maxifreude in Moll – Kind Nummer 7: Downsyndrom

Bea und Max Seitz

Bea Seitz sagt voller Überzeugung: „Es ist eigentlich schade, dass es nicht viel mehr Kinder beziehungsweise Menschen mit Downsyndrom gibt." Bei einer solchen Aussage stutzt man! Bea Seitz hat sechs Kinder zur Welt gebracht, und als sich dann Max angekündigt hat, war der ein bisschen anders. Max hat nämlich das Downsyndrom. Das hat die Familie vermutlich doch etwas durcheinandergebracht. Sie ist trotzdem der Meinung, dass es gut wäre, wenn es noch mehr „Downies" unter uns gäbe!

Schön, dass ihr zusammen da seid. Wie war das denn jetzt gemeint: „Schade, dass nicht noch viel mehr Menschen mit Downsyndrom unter uns sind."

Bea: Heutzutage werden 96% aller Kinder mit Downsyndrom abgetrieben. Man kann das relativ gut diagnostizieren. Jetzt wurde aktuell noch eine Blutuntersuchung eingeführt, die das sozusagen auf 100% bringen soll. Aber ich finde, Menschen mit Downsyndrom sind etwas ganz besonders Liebenswertes. Natürlich, sie sind durchaus auch anstrengend und haben auch manchmal ihre Zicken und Macken. Aber bei Max habe ich ganz deutlich gemerkt: Max kann lieben. Und er schaut nicht, wer das ist, sondern geht auf jemanden zu und mag ihn. Max sagt Dinge, die so total ehrlich sind, dass es einen schon wieder erschreckt. Zum Beispiel letzten Sonntag im Katechismus-Gottesdienst. Er geht nämlich gerade in den Konfirmandenunterricht. Macht dir der Konfirmandenunterricht Spaß, Max?

Max: Yeah!

Bea: Wir hatten also diesen Gottesdienst und haben zusammen überlegt, was wir machen könnten. Sie machen immer so kleine Theateranspiele zum Thema und dieses Mal war das Thema „Tod und Sterben" dran. Sie haben dann etwas rausgesucht und Max hat zuerst überlegt, ob er wieder Messdienerdienst macht, hat dann aber doch mitgespielt. In einer dieser Sequenzen war er eine der Hauptpersonen. Es ging darum, dass ein junger Mann suizidgefährdet ist und der dann sagte: „Ich will mich umbringen, weil so viele in der Klasse mich mobben." Max ist dann einfach auf ihn zugegangen, hat ihm die Hand gegeben und ihn umarmt. Für den jungen Mann war das die praktisch erfahrbare Ermutigung: Da hat mich einer lieb. Und Max war da so überzeugend. Er ist einfach schnurstracks auf ihn zugegangen, hat seinen Namen gesagt und Levin umarmt. Das war für mich so eindrücklich, weil ich gespürt habe: Genau das kann er. Er diskutiert nicht, das kann er auch gar nicht. Oder, Max, diskutierst du manchmal mit mir?

Max: Ja.

Bea: Aber nur, wenn es um Filme geht.

Max: Ja!

Bea: Aber sonst diskutiert er eben nicht, sondern er handelt. Er geht auf den anderen zu. Und wenn er sich ärgert, dann sagt er es. Wenn er beleidigt ist, sagt er es. Wenn er jemanden mag und demjenigen ein „Du bist mir wichtig" zeigen will, dann umarmt er ihn. Das finde ich einfach toll.

Wenn ein Mensch mit Downsyndrom so viele Vorzüge hat – wie erklären Sie sich dann, dass die Gesellschaft 96% davon abtreibt?

Weil es ein Gendefekt ist. Der passt nicht zu den Porsche-Babys, die wir haben wollen. Wir wollen ja am liebsten schon vor der Geburt wissen, dass unser Kind auf jeden Fall Abitur machen und studieren wird. Theoretisch könnte sogar jeder zehnte Mensch Bundeskanzler werden. Aber das sind so die Ideen, die wir Menschen, und vor allem wir Eltern, im Kopf haben. Und bei Menschen mit Downsyndrom ist alles mühsam. Man muss ungefähr dreimal so viel investieren, damit nachher die Hälfte herauskommt. Bis Max laufen konnte, haben wir sehr viel geübt, und er war dann auch schon gute zwei Jahre alt. Das ist sehr anstrengend.

Aber es ist zugleich so, als würde man jemanden beobachten, der sich in Zeitlupe entwickelt. Da kann man zum Beispiel viel genauer hinschauen. Und plötzlich wirst du dankbar für den ersten Schritt, den er tut. Du wirst dankbar für die Dinge, die er lernt, weil die Intensität viel höher ist. Im zwischenmenschlichen Bereich hat er besondere Stärken, vor allem in Situationen, in denen es Probleme gibt. Er war zum Beispiel der einzige, der mit seinen Brüdern klar kam, als die in ihrer pubertären Situation für uns Eltern nicht mehr ansprechbar waren. Da ging Max rein und holte sie wieder raus. Das kann man erst erleben, wenn man mit einem Menschen mit Downsyndrom zusammenlebt. Dann erst spürt man das. Und gerade das macht ihn so wertvoll.

Am Anfang in der Klinik, als er geboren war, haben alle gesagt: „Der hat Downsyndrom. Wie schrecklich, wie furchtbar." Doch ich habe plötzlich gemerkt: Der gewinnt mich für sich. Der sagt mir: „Hey Mama, ich bin der Gleiche, wie die anderen sechs auch. Ich kann genauso die Hosen voll machen, ich brauche genauso was zu trinken, ich kann genauso schreien." Aber alles war eben ein bisschen langsamer.

War der Anfang schwer für Sie? War es ein Schock? Kamen Sie vielleicht sogar ins Hadern mit dem lieben Gott, nachdem der Ihnen sechs gesunde Kinder geschenkt hat, und jetzt Max, der so ein bisschen anders ist?

Am Anfang war das schon sehr schwierig. Ich hatte den Vorteil, dass Max ja in der Klinik geboren ist und sie da auch gleich festgestellt haben, dass er eine Sauerstoffunterversorgung hat. Wir haben dann drei Wochen zusammen in der Klinik verbracht.

Er kam dann auf die Frühchen- und Neugeborenstation und in der Zeit war ich ziemlich abgeschottet von allem. Ich glaube, das war die Zeit, die ich gebraucht habe, um das mit Gott und den Menschen zu klären. Was mich am Anfang so geschockt hat, war, dass mir alle keine Glückwünsche, sondern Mitleid entgegengebracht haben. Das fand ich schwierig. Er war geboren und das Zimmer stand voller Ärzte, Hebammen und Schwestern und jeder sagte: „Ach wie schrecklich, der hat Downsyndrom." Da dachte ich dann: „Oh, das muss ja wirklich schrecklich sein."

Aber eigentlich kannte ich Menschen mit Downsyndrom und habe die nie negativ erlebt. Ich wusste, sie sind anders, ich wusste, es gibt viel zu tun. Aber wie sie tatsächlich sind, da war ich mal gespannt, was auf uns zukommen würde.

Die ersten drei Wochen hat mir das schon ein bisschen Bauchschmerzen bereitet, doch dann hat meine Mutter zu mir gesagt: „Ich glaube, da liegt einfach ein besonderer Segen drauf." Der Kinderarzt, den wir auch in der Klinik getroffen haben, ist ebenfalls gläubig, und hat gleich gesagt: „Frau Seitz, nehmen Sie einen Tag nach dem anderen. Denken Sie nicht schon an in zwanzig Jahren. Und ich glaube, dieser Max, der wird noch für seine anderen sechs Geschwister zum Segen werden." Genauso empfinde ich das auch heute. Er hat in unsere Familie eine ganz andere Sichtweise hineingebracht.

Haben Sie den Eindruck, dass Max weiß, dass er anders ist? Und ist er damit glücklich oder nagt so etwas an einem?

Bea: Ich glaube, der Max weiß durchaus, dass er anders ist, und ich denke, er findet es gar nicht schlecht. Er findet es toll, wie er ist. Und ich glaube, er weiß, dass er manche Sachen nicht gut kann. Zum Beispiel gut reden, und es fällt ihm schwer, viel zu üben. Am liebsten würde er das alles gerne einfach können und nicht üben müssen. Und das geht halt nicht.

Was macht er denn am liebsten? Was sind seine Hobbies?

Bea: Max, was machst du am liebsten? Was ist am besten? Was machst du gerne?

Max lacht.

Bea: Film schauen, oder? Und mit was dazu? Mit Chips?

Max: Ja, Chips. Und Film.

Ja, hoffentlich auch einen Fernsehgottesdienst. Würde er einen Gottesdienst anschauen?

Bea: Den schauen wir immer am Sonntagmorgen zusammen.

Und jetzt sieht man sich da in Kürze selber. Das ist ja was! Ja, Frau Seitz ich würde gerne wissen: Was hilft Ihnen, hier als mutige, fröhliche Person zu sitzen, obwohl Sie doch manche Last zu tragen haben, gerade auch durch diese Situation?

Bea: Ich empfinde es so, dass ich, seit ich den Max habe, noch viel mehr tatsächliche Unterstützung von Gott bekomme. Zum Beispiel habe ich eine Freundin, die gleich am Anfang gesagt hat: „Du, ich würde dich so gerne unterstützen. Du hast viel Arbeit und ich habe viel Zeit. Bring mir doch deine Wäsche." Bis heute macht sie uns die Wäsche und unterstützt uns – vor allem, wenn die Berge riesig werden. Oder ich hatte einen Bäcker, der uns vor über zehn Jahren angerufen hat, das war ziemlich zeitgleich mit der Geburt von Max, und meinte: „Ich habe gehört, ihr habt sieben Kinder. Und ihr habt bestimmt auch ein bisschen Not. Ihr könnt von uns immer Brötchen und Brot haben." Bis zu seiner Rente hat er uns Brötchen und Brezeln geschenkt.

Das ist ja toll, dass man Gott so konkret erlebt. Wie ist das eigentlich, wenn Sie als Mutter über die Zukunft von Max nachdenken? Denn früher sind Menschen mit Downsyndrom ja nicht so alt geworden, heute werden sie meist älter als ihre Eltern. Max wird Sie vermutlich überleben. Macht Sie das heute schon irgendwie nervös, dass er mal ohne die Mama zurechtkommen muss?

Bea: Wir üben das ja schon. Max muss jetzt schon immer alleine mit dem Bus zur Schule fahren. Das ist so eine Abnabelung. Damit ich ihn loslassen kann. Früher hatte ich jede Minute Angst, wo er wohl gerade ist. Er hat so gerne das Haus verlassen, natürlich ohne mir Bescheid zu sagen, um sich im Ort umzuschauen, wo es viele interessante Dinge gibt. Er hat dann natürlich gleich entdeckt, dass es in der Tiefgarage der Kreissparkasse einen Aufzug gibt, mit dem er hoch- und runterfahren kann. Und so haben wir ihn ganz oft gesucht. Das war immer sehr schwierig, wenn er verschwunden war. Oder kürzlich kam er mal eine Stunde später in die Schule als erwartet und die Lehrerin rief mich an und sagte: „Max ist nicht da." Da geht natürlich innerlich die Denke los: Wo ist er? Ist ihm was passiert? Er kann nicht richtig reden, er kann nicht sagen, was ihm fehlt. Er hatte genau an diesem Tag sein Handy zu Hause vergessen, so konnte ich ihn auch nicht erreichen.

Dann merke ich immer wieder, dass die ganzen Ängste, die ich habe, mich näher zu Gott bringen. Ich weiß dann, ich kann sagen: „Herr, ich bin am Ende. Du musst mir helfen." Und ich spüre und erlebe dann, wie Gott schenkt, dass er wieder auftaucht. Dass es ihm gut geht, dass ich mich darauf verlassen und ihn loslassen kann. Ich weiß, dass da jemand ist, der wirklich immer bei ihm ist, und ich deswegen nicht immer da sein muss. Wie es in der Zukunft aussieht? Ich denke, Max hat so viel Charme, der findet jemanden, der ihm sagt: „Hey, arbeite bei uns."

Was würde er denn gerne arbeiten? Was mit Holz oder als Fußballer oder was mit Geld?

Bea: Der Max bedient sehr gerne, gell Max? Du schreibst gerne auf, was die Leute wollen.

Also in der Gastronomie zum Beispiel. Ich habe gehört, du hast ein Handy? Und nicht nur zum Telefonieren, sondern auch zum SMS schreiben?

Max: Ja.

Dann können wir ja in Verbindung bleiben. Das ist klasse. Ich bedanke mich ganz herzlich bei euch, liebe Bea Seitz, lieber Max Seitz, dass ihr bei uns gewesen seid.

Diagnose Brustkrebs

Charlotte Griesing

Charlotte Griesing: Mitten im Alltag, mitten im Leben bekommt sie die Diagnose Brustkrebs. Wie sie das Ganze überlebt hat – davon erzählt sie uns im Folgenden. Herzlich willkommen, Charlotte Griesing.

Ihnen ist das Lachen noch nicht vergangen. Warum?

Überleben wäre bei Brustkrebs vielleicht nicht das richtige Wort. Man müsste wahrscheinlich sagen „erleben", denn bei Brustkrebs ist die Wahrscheinlichkeit, dass man überlebt, sehr hoch. Von daher muss einen nicht von vornherein die Verzweiflung überfallen.

Das heißt, Sie sind immer noch zuversichtlich, obwohl Sie heute nicht wissen, ob Sie wirklich geheilt sind?

Nach allem, was man momentan untersuchen kann, ist nichts mehr zu finden. Das sind schon mal gute Voraussetzungen. Dann gibt es Statistiken, wobei man ja nie weiß, in welche man tatsächlich reinfällt. Das wird sich dann innerhalb der nächsten fünf bis zehn Jahre herausstellen. Aber da lebe ich doch lieber schon heute.

Wie war das, als Sie die Diagnose bekommen haben?

Es gab da zwei verschiedene Situationen. Die eine war, als ich selbst im Ultraschall gesehen habe, dass da etwas ist. Das hat mich überhaupt nicht groß aufgeregt. Die zweite Situation war, als ich hinterher zur Mammographie musste und mir die Ärztin dann empfahl, es „rausmachen" zu lassen. Bis dahin hatte keiner die Worte „Knoten" oder „Brustkrebs" in den Mund genommen. Ich stand nach der Mammographie da, ahnte Fürchterliches und dachte nur: „Was mache ich jetzt, was mache ich jetzt ...?" Ich kannte keine Frau, die selbst Brustkrebs hatte oder mit der ich schon einmal darüber gesprochen hatte. Ich bin im Grunde ganz blauäugig an die Sache herangegangen und bin eigentlich froh darum.

Aber man weiß aus dem Volksmund: Diagnose Krebs, das ist nicht ganz so lustig. Bei Ihnen kommt das gerade so locker rüber. Hat Sie das Ganze denn nicht auch in eine Lebenskrise mit vielen Fragen an Sie selbst oder auch an Gott geworfen?

Nein, das war bei mir nicht so. Ich habe in meinem Leben so viele gute Erfahrungen mit Gott gemacht, dass ich die „Warum"-Frage fast nie stelle. Wahrscheinlich bekomme ich sowieso keine Antwort, es wäre also müßig, sich damit zu befassen. Dann habe ich immer gedacht: Wenn ich Gott wirklich ernst nehme, dann will ich auch diesen Vers aus dem Römerbrief ernst nehmen: „Denen, die Gott lieben, sollen alle Dinge zum Besten dienen." Darauf wollte ich mich ganz fest verlassen und das habe ich auch gemacht. Natürlich nur im Kopf. Gefühlsmäßig war es schon manchmal schwierig. Da haben mir dann andere Sachen geholfen. Es gibt ein Lobpreislied, in dem es heißt: „Jesus, du bist ganz nah bei mir. Jeder Augenblick atmet deine Gegenwart." Das war für mich ein gut vorstellbares Beispiel dafür, wie nah Gott ist und wie nichts an ihm vorbeigeht. Ich dachte dann: „Na, so wirklich aufregen muss ich mich nicht" – obwohl ich auch mal echt Schiss kriegte, dass ich jetzt sterben muss.

Wie geht man mit damit um, wenn man „Schiss kriegt, dass man jetzt sterben muss"?

Da brach mir der kalte Angstschweiß aus. Das hatte ich in meinem ganzen Leben noch nicht. Dann beginnt das Hirn zu rotieren, man kann nicht mehr klar denken. Irgendwann funktionierte das Denken aber doch wieder und ich fragte mich, warum ich jetzt so viel Angst vorm Sterben haben konnte, wenn ich mich doch eigentlich auf Gott verlasse? Ich fing an, mit Gott darüber zu reden, langsam wurde es besser und ich habe dann gar nicht so lange gebraucht, bis Gott mir klar machte: „Du brauchst wirklich vor dem Sterben, vor dem Tod keine Angst zu haben, weil du ja ewiges Leben hast." Das war klasse. Dadurch habe ich von vornherein für mich so eine Art Standortbestimmung gemacht: Hier ist eine lange Linie und ganz am Anfang stehe ich. Dann kommt irgendwas anderes, Unbestimmtes, der Tod vielleicht, und danach geht es noch mal richtig weiter. Da war die Sache schon mal grundsätzlich geklärt und danach hatte ich auch nie wieder so eine Angst.

Sie sagen, Sie haben intensiv mit Gott darüber geredet. Sonst könnte man ja auch mit seinem Ehepartner darüber reden, aber Sie sind überzeugter Single. Wie ging es Ihnen als Single mit der ganzen Situation – haben Sie sich auch ab und zu alleine gefühlt?

Relativ selten, weil ich einen total klasse Freundeskreis habe und mir viele Leute wirklich zur Seite standen. Ich habe von Seiten Hilfsangebote bekommen, die gar nicht zu meinem engeren Freundeskreis gehörten, aber mich so locker kannten. Ich habe allerdings auch von Anfang an klar gesagt, dass ich Brustkrebs habe – bevor ich irgendwelche Erklärungen machen müsste, wenn es mir schlecht geht. Dadurch wussten die Leute einfach Bescheid und haben dann auch angeboten, mir zu helfen.

Was hat Ihnen denn von den vielen Hilfsangeboten, die der liebe Gott und die Welt Ihnen gemacht haben, am meisten geholfen?

Die Mischung daraus. Ich habe viele Postkarten bekommen, das hat mir sehr geholfen. Aber auch, dass meine Freundin viel Zeit hatte und wir oft mit ihrem Hund spazieren gegangen sind. Der Hund bleibt ja immer wieder stehen, dadurch waren die Spaziergänge auch nicht zu schnell für mich. Ich konnte bei Freunden auch einfach mal abhängen und war nicht nur in meiner Wohnung, in meinem Zimmer.

Alles, was Sie erzählt haben, und auch welchen Humor Sie sich behalten haben, hat mir gezeigt, dass Sie ein starker Mensch sind, der Gott vertrauen kann. Wie sehen Sie Gott denn jetzt nach all dem, was Sie erlebt haben?

Realistischer. Gott ist auch nach wie vor nicht immer in meinem Gefühl vorhanden, aber ich habe dieses Vertrauen zu Gott, was als fester Punkt in mir drin ist.

Da fällt mir noch etwas ein – Sie haben vorher gefragt, was mir am meisten geholfen hat: Die Leute haben mir angeboten, für mich zu beten. Ich habe dann immer gesagt, betet dafür, dass ich das Vertrauen nicht verliere. Und dieses Vertrauen ist tatsächlich dageblieben und auch stärker geworden. Es reicht mir, dieses Vertrauen zu haben, wenn ich Gott um irgendetwas bitte, oder zu wissen, dass er da ist, fertig. Ich muss es nicht spüren.

Hinweis: Das Interview wurde 2010 geführt.

Glücklich verheiratet in zweiter Ehe

Dr. Hans und Renate Schaude

Dr. Hans und Renate Schaude sind beide zum zweiten Mal verheiratet. Beide haben auf unterschiedliche Weise ihren ersten Ehepartner verloren. Renate Schaude durch Scheidung, Hans Schaude durch Tod. Wie man trotz solch großer Krisen das Leben noch mal neu erfinden kann, das kann man bei ihnen lernen!

Herr Schaude, ich fange mit Ihnen an. Wie ist das gewesen, den Ehepartner durch Tod zu verlieren? Geschah das einfach so über Nacht oder war es eine längere Leidenszeit, ein langer Weg?

Der Weg war relativ kurz, meine Frau ist plötzlich erkrankt und als wir die Diagnose stellten, war schon alles zu spät. Es war eine bösartige Krankheit und sie hatte schon überall Metastasen. Wir mussten uns mit dem Problem der Nicht-Therapierbarkeit, ich bin ja Arzt, rechtzeitig auseinandersetzen. Das war die erste Herausforderung, die wir zwei miteinander zu bewältigen hatten.

Das heißt, sie beide mussten aber auch die nächsten Wochen, die noch anstanden, sehr bewusst miteinander erleben. Gibt es irgendein Prinzip, nach welchem sie die Tage verbracht haben?

Wir haben über die ganze Problematik gesprochen. Es kam noch dazu, dass parallel zu der ganzen Sache mit meiner Frau die Abwicklung der Abgabe der Praxis lief. Wir mussten also die Praxis organisieren und dann unsere persönliche Beziehung organisieren und damit zurechtkommen, dass in absehbarer Zeit meine Frau sterben wird. Und unser Prinzip war, dass wir über alles reden.

Gab es für Sie im Nachhinein irgendetwas, was Sie anders gemacht hätten?

Wir haben alles besprochen, bis dahin, dass ich wieder heiraten werde.

Das wäre meine nächste Frage gewesen. Wie lange waren Sie eigentlich verheiratet?

Das war eine ganz lange Beziehung, eine alte Jugendliebe. Unsere Liebesbeziehung ging ungefähr 45 Jahre. Und wir waren 38 Jahre davon verheiratet.

Wenn man einen Menschen 45 Jahre kennt und den dann verabschieden muss, warum tut man sich das ein zweites Mal an? Schließlich weiß man ja auch: Irgendwann ist wieder Abschied angesagt.

Gerade deshalb. Meine Frau war nicht nur meine rechte Hand, sie war die Mutter unserer drei Töchter, sie war die Hausfrau, sie war meine Praxisverwaltungsmanagerin, sie war die Finanzministerin, ich hatte eine große Praxis mit Belegbetten. Ich musste mich um solche Dinge gar nicht kümmern. Sie war aber auch mein Gegenüber, mit dem ich alle Probleme besprechen konnte. Seien es persönliche, seien es Glaubensprobleme, seien es berufliche Probleme, oder dann auch die Probleme, die man als Frauenarzt so mit den Patienten hat, und über die man sich irgendwann aussprechen muss. Da war sie mein Gegenüber. Wenn das dann plötzlich wegbricht – ich fühlte mich wie nackt, hilflos oder amputiert. Und dieses Vakuum, das wollte ich wieder füllen.

Was mir am meisten gefehlt hat, war das geistliche Miteinander. Wir hatten morgens den Tag immer mit einer Andacht begonnen und jetzt saß ich alleine da. Habe alleine Bibel gelesen, alleine gebetet, das war so leer. Ich wollte wieder ein Gegenüber haben, ich wollte auch wieder ein Korrektiv haben. Denn das hat mir auch gefehlt. Als ich alleine zu Hause war, fragte mich keiner etwas, es sagte keiner etwas. Ich machte nichts richtig, ich machte nichts falsch. Wir hatten uns gegenseitig immer korrigiert. Meine Frau sagte: „Das kannst du so nicht machen, das machst du so." Wir haben das gegenseitig gemacht und das war schön. So sind wir miteinander gereift.

Frau Schaude, Sie sind das neue Korrektiv. Wo müssen Sie ihm denn so richtig die Leviten lesen? Gibt es da Punkte? Oder einen Hauptpunkt?

(lacht) Jetzt soll ich wohl aus dem Nähkästchen plaudern.

Ja, so war es gedacht ...

Ja, wir haben schon manchmal auch Schwierigkeiten. Wir sind ja beide auch geprägte Menschen, jeder war selbstständig, jeder hat anderen Menschen gesagt, was sie zu tun haben. Und jetzt ist man im Rentenalter und jeder weiß eigentlich, wie das Leben funktionieren sollte.

Ihnen könnte ich dieselbe Frage stellen: Warum tun Sie sich so etwas zum zweiten Mal an? Denn Ihre erste Ehe ist kaputt gegangen. So etwas wünscht man sich ja nicht.

Ja, das ist richtig. Und ich habe viele, viele Jahre gebraucht, um das zu verarbeiten. Es ist gut, wenn man auch gelernt hat, alleine zu leben, und nicht gleich wieder in die nächste Beziehung reinhüpft. Aber ich selbst bin eben nicht dazu angelegt, das Singledasein auf Dauer schön zu finden. Es fiel mir recht schwer, mich neu zu organisieren und zu entscheiden, wie gestalte ich mein Wochenende, meinen Urlaub? Den allein zu verbringen war auf Dauer nicht mein Lebensziel. Ich habe gewartet, bis die Kinder aus dem Haus waren, bis kein schwieriger Teenager mehr im Haus war, denn das ist für eine neue Beziehung schon belastend. Von daher sollte die Zeit auch reif sein.

Vergleichen könnte für Sie beide ein wichtiges Wort sein. Sie werden ihn immer wieder mit dem ersten Mann vergleichen, Sie werden sie mit der ersten Frau vergleichen. Frau Schaude, wie gehen Sie mit dem Vergleichen um?

Ich denke, so furchtbar viel vergleichen tue ich nicht, weil ich ein Stück weit auch versucht habe, die Vergangenheit hinter mir zu lassen. Kierkegaard hat ja gesagt: „Das Vergleichen ist das Ende des Glücks und der Anfang der Unzufriedenheit." Von daher ist das für mich ein ganz neuer Lebensabschnitt, er ist anders, komplett anders.

Herr Schaude, Sie kommen nicht um die Frage herum. Vergleichen Sie sie noch mit der ersten Frau?

Sie ist ein ganz anderer Typ. Äußerlich und auch menschlich. Das Alte kann man nicht abschütteln. Ich will es auch nicht vergessen. Meine erste Frau zu vergessen geht nicht. So wie ich heute hier sitze, bin ich ja das Produkt von meiner ersten Frau und mir, denn wir sind gemeinsam gewachsen. Wir haben uns gemeinsam entwickelt, deswegen ist das eine Sache, die abgeschlossen ist. Von daher muss ich jetzt auch wieder etwas Neues anfangen und das Alte abschließen. Ja, es kommen schon immer wieder Erinnerungen: Die hat es damals so gemacht und warum machen wir es jetzt so?

Die Jugendlichen gehen heute in die Diskothek, um eine neue Beziehung anzufangen oder sie lernen sich im Internet kennen. Wie war das bei Ihnen? Wie haben Sie sich kennengelernt?

Ich habe unter Beratung meiner Töchter eine Frau gesucht und dann haben wir uns über eine Annonce in der Zeitschrift „Aufatmen" gefunden. Was so interessant war, war unser erstes Gespräch. Da haben wir uns gegenseitig abgefragt und Punkte abgehakt. Magst du dies, wie magst du jenes?

... und dann ist die volle Punktzahl herausgekommen?

Ich würde nicht volle Punktzahl sagen, eher „mit der kannst du es mal probieren". Ein Beispiel, das ist vielleicht nett, ein bisschen zum Lachen. Ich habe ja etliche Damen kontaktiert. Ein Kriterium war: kann ich mit der Frau beten? Das ist bei den meisten gescheitert. Als wir beide das erste Gespräch hatten, wollte ich gehen und holte gerade Luft, um zu fragen: „Können wir noch zusammen beten?" Und in diesem Moment sagte sie etwas zum gleichen Thema. Wir haben dann das Problem im Gebet vorgetragen. Das war für mich eine Hilfe, denn es war mir sehr wichtig, dass man gemeinsam mit Gott reden kann.

Das heißt, Gott spielt auch in der neuen Beziehung eine Rolle? Pflegen Sie dafür bestimmte Rituale?

Ja, ein Ritual, was mir wichtig ist, nannte ich vorhin schon. Wir fangen morgens den Tag wieder gemeinsam an mit Bibel lesen und Gebet. Wir reden über einen Bibeltext und dann beten wir für den Tag und

haben dabei unsere Gebetsanliegen, unsere Gebets-
liste. So beginnen wir den Tag gemeinsam.

Losgelöst von den Fesseln des Alkohols

Franz Mayer

Wenn man bisher am roten Faden in einem Menschenleben gezweifelt hat, dann kann man anfangen, wieder daran zu glauben, wenn man aus dem Leben von Franz Mayer hört. Er hatte ein altes Leben, das aus der Bahn geraten ist, und er hat ein neues Leben, in dem ganz vieles wieder ins Lot gekommen ist.

Lassen Sie uns kurz über das alte Leben reden. Ich habe es schon kurz angedeutet, es gab Brüche, Abrisse. Wie kam es dazu?

Das hat schon in der Kindheit und Jugend angefangen. Ich war sehr schüchtern. Was man heute kaum glauben kann, denn ich halte Vorträge und rede manchmal vor Hunderten von Leuten ganz frei. Aber ich war sehr schüchtern und habe etwas gebraucht, um mir Mut zu machen. Ich habe die Erfahrung gemacht, wenn ich als 14- oder 15-Jähriger ein oder zwei Glas Bier trinke, dann bin ich der Hahn im Korb, dann geht bei mir plötzlich was anderes, dann sagen die Leute: „Mensch, dich kennt man ja gar nicht mehr. Du bist ja richtig gesellig und mit dir kann man ja was anfangen." Das andere war: Ich bin in einem kleinen Dorf auf der schwäbischen Alb aufgewachsen, sehr katholisch. Ich habe mich sehr mit der katholischen Kirche identifiziert und wollte Priester werden. Die Erfahrungen mit der Unwahrhaftigkeit, Strenge und Lebensfeindlichkeit mancher Priester und Gemeindemitglieder haben bei mir als jungen Menschen zu inneren und äußeren Konflikten geführt.

Zwei kleine Bierchen als 14-Jähriger und ein paar schlechte Erfahrungen mit der katholischen Kirche, das hat doch noch nicht viel mit einer schiefen Lebensbahn zu tun?

Irgendwann war das mit zwei Bierchen nicht mehr getan. Ich habe zwei Bierchen getrunken und die Wirkung nicht mehr gespürt. Dann musste ich schon drei, vier Bierchen trinken.

Hatten Sie große Herausforderungen vor sich oder in sich verspürt, weshalb Sie dann immer mehr Mut brauchten und immer mehr Bier trinken mussten?

Ja, einfach weil ich mich ohne diesen Stoff nicht in der Gemeinschaft bewegen konnte. Ich war sehr verklemmt und zurückgezogen. Natürlich musste ich mehr trinken, um dieses Gefühl nicht zu haben, und dadurch hat sich natürlich vieles sehr verschlechtert. Das heißt, mein Umfeld hat sich verändert, ich bin an die falschen Leute geraten und habe dann zehn Jahre im sogenannten Nachtleben verbracht. Ich habe in diesem Nachtleben so gut wie alles, was man mit diesem Milieu in Zusammenhang bringt, erlebt. Es war ein richtiges Nachtleben, bis dahin, dass ich tatsächlich nur in der Nacht gelebt habe und monatelang kein Tageslicht oder die Sonne gesehen habe. Es ging abends los und bei Sonnenaufgang war alles schon wieder zu Ende. Und verbunden mit diesem ganzen Milieu, mit allem, was ich da erlebt habe, war auch in mir drin eine tiefe Nacht, was mich letztlich ganz schön an meine Grenzen gebracht hat.

Irgendwann musste dieses alte Leben zu einem Abschluss kommen, damit das neue beginnen konnte. Gab es einen Knall, gab es irgendeinen Schicksalsschlag, der Sie aus diesen alten Gleisen herausgeholt hat?

Es gab nicht nur einen Knall, es hat einige große Kracher gegeben. Das heißt, ich habe Freunde verloren, ich habe meine erste Frau verloren, ich habe alle Bindungen, die eigentlich positiv waren, verloren, war ziemlich verzweifelt und habe keinen Ausweg mehr gewusst. Irgendwann im Februar 1977 habe ich eine Fernsehsendung gesehen, in der Dr. Rieth gesprochen hat, der ehemalige Leiter der Fachklinik Ringgenhof. Er hat in dieser Sendung die Klinik vorgestellt und auch etwas über Glauben und Christsein gesagt. Das war für mich, als wäre ein Blitz vom Himmel gekommen. Es war irgendetwas, was mich ganz tief angerührt hat: Wenn dir etwas helfen kann, dann musst du dorthin. Ich bin also zur Beratungsstelle und habe gesagt, dass ich dort hin möchte.

Was hat Ihnen Mut und Motivation zu diesem Schritt gegeben?

Dieses Erkennen an diesem Abend im Fernsehen, das war für mich nicht etwas Alltägliches. Es war, als hätte mich jemand angerührt. Als würde mir irgendjemand den Weg zeigen. Das hatte ich so noch nie in meinem Leben erlebt. Heute sage ich, es war Gottes

Finger oder ein Engel, der mir gezeigt hat: Hier ist es richtig, hier ist Rettung, hier ist etwas für dich.

Jetzt ging Ihr Leben also langsam auf geraden Bahnen und damit gab es vielleicht auch so ein erstes Anknüpfen an den roten Faden. Was genau hat sich denn verändert in der Zeit, in der Sie eine Therapie gemacht haben oder danach?

Im Ringgenhof habe ich vor allem durch die Mitarbeiter und meinen Therapeuten erlebt, dass ich Gottes geliebtes Kind bin. Und dass es nicht um Drohung und Verdammung geht, sondern um ganz tiefe Befreiung und Erlösung. Das habe ich erlebt. Ich habe ja viel Schuld auf mein Leben geladen und nicht gewusst, wie ich das jemals wieder auslöschen kann oder wie sich das irgendwie wieder zum Guten ändern könnte. Darin habe ich echte Befreiung erlebt durch das Wissen, dass Gott mich liebt, dass er das alles nicht ungeschehen macht, aber dass er mich trotz allem liebt. Ich kann mit meiner ganzen Schuld, mit allem, was bei mir in die Brüche gegangen ist, zu ihm kommen. Das ist mein roter Faden, den ich bis heute jeden Tag knüpfe, in guten und in schweren Tagen.

Es gibt auch im neuen Leben nicht nur gute Tage, aber ich habe erlebt, dass ich mit allem zu ihm kommen kann und er mich weder verurteilt noch irgendwelche Forderungen stellt. Er sagt: „Ich habe dich bei deinem Namen gerufen. Du bist mein." Und dieses „Mein" bleibt ewig.

Kommen wir zum Schluss nochmal zum roten Faden. So ein roter Faden könnte ja auch ein Symbol dafür sein, dass unser Leben manchmal am seidenen Faden hängt. Auch das haben Sie erlebt. Hat sich aufgrund aller Erfahrungen so etwas wie ein Lebensmotto herauskristallisiert?

Im evangelischen Gesangbuch sind in einem Weihnachtslied zwei Verse, die das ausdrücken, was ich erlebt habe und was ich heute erlebe. Ich lese sie nicht nur in der Weihnachtszeit. Das Lied „Wie soll ich dich empfangen?" ist bekannt, die Verse drei und vier lauten wie folgt:

> Was hast du unterlassen,
> zu meinem Trost und Freud,
> als Leib und Seele saßen
> in ihrem größten Leid?
> Als mir das Reich genommen,
> da Fried und Freude lacht,
> da bist du, mein Heil,
> kommen und hast mich froh gemacht.

> Ich lag in schweren Banden,
> du kommst und machst mich los;
> ich stand in Spott und Schanden,
> du kommst und machst mich groß
> und hebst mich hoch zu Ehren
> und schenkst mir großes Gut,
> das sich nicht lässt verzehren,
> wie irdisch Reichtum tut.

Ich denke, da kommt dies noch mal vor: „Leib und Seele saßen in ihrem größten Leid" und „in schweren Banden". Und ich bin losgelöst, darüber freue ich mich.

„Wie soll ich dich empfangen?" –
Text: Paul Gerhardt; Melodie: Johann Crüger

Tsunami überlebt

Georg und Margret Hinderberger

Erinnern Sie sich noch an den zweiten Weihnachtsfeiertag 2004? Der Tsunami, ein Seebeben, kostete 230 000 Menschen das Leben, über 110 000 wurden schwer verletzt, 1,7 Millionen Küstenbewohner wurden obdachlos. Einer, der zur Zeit des Seebebens genau vor Ort war und trotzdem überlebt hat, ist Georg Hinderberger. Er und seine Frau erzählen, wie sie die Katastrophe erlebt und die Situation gemeistert haben.

Normalerweise sagt man ja „Zur richtigen Zeit am richtigen Ort". Bei Ihnen muss man allerdings sagen „Genau zur falschen Zeit am falschen Ort". Wie kam es, dass Sie ausgerechnet zu diesem Zeitpunkt in Sri Lanka waren?

Ich hatte kurzfristig einen Flug bekommen und war zuerst sieben Tage im Inland und dann noch sieben Tage am Meer, um das Klima dort zu testen, weil ich Arthrose habe und einfach mal über den Winter dortbleiben wollte. Auf den ersten Blick sieht es aus wie „Zur falschen Zeit am falschen Ort", im Nachhinein, da kommen wir nachher noch drauf, war es dann doch der richtige Ort.

Wie muss man sich das vorstellen? Der Tsunami hat Sie mit voller Wucht getroffen, Sie haben trotzdem überlebt. Erzählen Sie uns davon.

Es waren ja mehrere Wellen. Die erste Welle ging im Erdgeschoss ungefähr bis zum Türrahmen und ich hatte dort ein Zimmer. Zum Glück war ich da schon im ersten Stock. Kleine Anmerkung: Ich ging mit einem Touristen, der ebenfalls in dem Guesthouse wohnte, jeden Morgen um neun Uhr schwimmen. An diesem Morgen, aus welchen Gründen auch immer, habe ich die Uhr falsch gelesen und war um acht Uhr bei ihm. Er sagte zu mir: „Du spinnst wohl, eine Stunde zu früh." Um das Ganze abzukürzen: Wären wir zu dem späteren Zeitpunkt gegangen, wäre ich beim Tsunami im Meer gewesen.

Das heißt, Sie hätten nicht überlebt.

Ja, als die erste Welle zurückging, liefen wir wieder ans Meer. Von einem 300 Meter entfernten Felsen, von dem sonst nur die Spitze herausragte, konnten wir bis auf den Grund des Meeres sehen. Die ganzen Einheimischen, wir waren nur zwei Touristen in dieser Ecke, gingen ans Meer. Da fiel mir ein, dass wir einmal in Costa Rica ein kleines Seebeben erlebt haben und dass die zweite Welle wesentlich stärker ist. Ich konnte gerade noch alle aufmerksam machen: „Schnell, schnell, alle zurück!" Wir rannten ungefähr 80 Meter zum Haus und kamen gerade noch in den ersten Stock, da war die Welle da. Man darf sich die Welle nicht so vorstellen wie auf Hawaii, sondern es war eine Wasserwand, die auf uns zurollte. Das Wasser stieg circa sechs Meter hoch. In dem Moment krachte es, alle Häuser daneben waren weg. Das alles hat sich innerhalb von zehn Sekunden ereignet, ich konnte nicht mehr denken und habe nur die Einheimischen, das waren zwei Brüder mit ihrer Mutter, und den Touristen an den Händen gefasst und auf Englisch gebetet – ich weiß nicht mehr was.

Sie waren ja allein auf Sri Lanka. Das heißt, Sie, Frau Hinderberger, haben das dann irgendwie mitbekommen. Zu welchem Zeitpunkt haben Sie es mitbekommen? Haben Sie auch erfahren, dass Ihr Mann in akuter Lebensgefahr war?

Ja, es war der zweite Weihnachtsfeiertag. Ich war im Gottesdienst und kam nach dem Gottesdienst so um halb zwölf wieder zu Hause an. Ich hatte kein Radio, keinen Fernseher an, da riefen hintereinander meine beiden Söhne an: „Weißt du, wie es dem Vater geht?" „Warum, was ist los?" „Da gab es ein großes Erdbeben." Ich habe sie noch beruhigt: „Ach, meistens machen sie es schlimmer, als es ist." Danach habe ich natürlich den Fernseher angemacht, Nachrichten gehört und dann auch erkannt, dass er unmittelbar dort war. Meine erste Reaktion war, einfach Freunde anzurufen und zu bitten, dass sie wirklich Sturm beten um das Leben meines Mannes. Im Nachhinein weiß ich, dass sie auch für mich gebetet haben, denn nur so konnte ich diese Zeit durchstehen.

Wie haben Sie dann Kontakt miteinander bekommen?

Erst abends um fünf kam der erlösende Anruf. Nur zwei, drei Worte: „Ich lebe und es geht mir gut."

Was geht einem in den fünf Stunden, in denen das alles passiert ist, durch den Kopf?

Zum Nachdenken kommt man im ersten Moment gar nicht. Man handelt einfach instinktiv, weil man diese Katastrophe zunächst gar nicht begreifen kann. Zum Denken kamen wir erst, als die zweite Welle zurückging und wir an die Flucht ins Hinterland dachten. Ich hatte meine kleine Tasche mit meinem Pass und etwas Geld drin. Wir sind dann durchs Wasser gestapft, das war kniehoch, Elektroleitungen lagen rum, aber da denkt man gar nicht dran. Wir kamen an einem Tempel vorbei, an dem hing schräg oben ein Busch, da kann man sich ausmalen, wie stark die Welle war. Wir sind dann über die Bahngleise zu unserem Freund, dem Tuctuc-Fahrer, wo wir dann auch auf dem Betonboden übernachtet haben.

Gab es da auch mal einen Moment, in dem Sie gedacht haben: Jetzt ist es vorbei, jetzt ist alles aus?

Nicht mehr, als das Wasser wieder zurückging. Aber als wir vorher gebetet haben, da habe ich schon gedacht, dass wir in der nächsten Sekunde alle weg sein können. Aber extreme Angst, sodass ich Panik bekommen hätte, nicht.

Wie denken Sie denn heute im Nachhinein über Gott? Bekanntlich lehrt Not ja beten. War das ernst gemeint oder nur so dahingesagt?

Ich habe auch schon in anderen Situationen gebetet, so war das also nicht. Aber es blieb mir intuitiv gar nichts anderes übrig. Wenn jemand helfen konnte, dann er.

Frau Hinderberger, wie haben Sie diese Situation in Bezug auf Gott erlebt? Sie haben gesagt, die Freunde haben für Sie und Ihren Mann gebetet.

Konzentriert beten konnte ich sicher nicht. Aber ich hatte nicht zum ersten Mal in meinem Leben dieses Wort in mir: „Jesus, du bist größer." Einfach immer größer als die Umstände. Das habe ich mir immer wieder gesagt. Bis drei Uhr unserer Zeit war ich noch verhältnismäßig ruhig, weil ich dachte, es kann fast nicht sein, dass von dort ein Lebenszeichen kommen kann. Aber es wurde zunehmend schwierig und ich habe irgendwann auch mit dem Schlimmsten gerechnet.

Herr Hinderberger, haben Sie denn mit dem Erlebten, mit all dem menschlichen Elend, was Sie dort gesehen haben, heute abgeschlossen? Oder spielt das in irgendeiner Form auch heute noch in Ihrem Alltag eine Rolle?

Im Alltag hier in Deutschland spielt es so gut wie keine Rolle, aber wenn wir in Sri Lanka Besuch bekommen aus Deutschland oder auch aus anderen europäischen Ländern, dann wollen natürlich alle wissen, wie es mir damals ergangen ist. Das Ganze kommt schon wieder ein bisschen hoch, wenn man da auf dem Balkon im ersten Stock steht. Aber nach dem Tsunami, als ich wieder zurück in Deutschland war, habe ich gedacht, ich mache es wie beispielsweise ein Formel 1-Rennfahrer, der einen großen Crash hat und gerade noch davonkommt. Der steigt, wenn er gesund ist, auch wieder in den Rennwagen. Ich dachte, so mache ich das auch. Ich gehe wieder hin und helfe.

Das finde ich toll. Das heißt, Sie haben heute den Mut und die Kraft, in Sri Lanka Menschen zu helfen, wieder Boden unter die Füße zu bekommen?

Ja, ich habe gleich nach dem Tsunami in Illmensee ein Benefizkonzert veranstaltet, habe dort Geld gesammelt und bin dann drei Monate später wieder runtergeflogen und habe beim Aufbau mitgeholfen.

Und Ihre Frau hat Sie nicht davon abgehalten und gesagt: „Nein, in so ein Horrorgebiet gehen wir nie mehr"?

Margret: Ich bin mitgeflogen. Das war im April und ich konnte dann auch das ganze Ausmaß sehen. Man kann sich das so gar nicht vorstellen.

Gott war in meinem Leben gestorben – ich hatte ihn für tot erklärt

Hans-Dieter Ruf

Hans-Dieter Ruf arbeitet bei den Zieglerschen in der Werkstatt für Seniorinnen und Senioren, einem Arbeitsbereich der Behindertenhilfe. Bis es soweit kam, war es ein weiter Weg. Ein Mensch, der weiß, was Lebenshunger ist und wer diesen stillen kann!

Erklären Sie uns ganz kurz, was eine Werkstatt für Senioren ist.

Wir machen Beschäftigungsangebote für mehrfach behinderte Senioren. In der Betreuung tagsüber geht es darum, den Tag durch Tätigkeiten und durch Gemeinschaft sinnvoll zu gestalten. Das Angebot ist uns ganz wichtig. Es sind Senioren, sie müssen also nichts, alles ist freiwillig. Es soll ruhiger und gemütlicher zugehen. Uns ist die Atmosphäre und die Beziehung ganz wichtig.

Sind alte behinderte Menschen anders als junge?

Die Erfahrung mit „meinen" Senioren ist die, dass sie ihre Lebensfenster ganz weit geöffnet haben. Sie sind neugierig, sie sind interessiert, sie lassen sich auf neue Tätigkeiten ein. Da kommen Menschen mit 65 Jahren und lassen sich aufs Flechten ein, aufs Peddigrohr usw. Das zeichnet sie aus. Die Aufgeschlossenheit, das Leben nicht abgeschlossen zu haben, sondern mittendrin zu stehen und Neues auszuprobieren.

Kommt es auch vor, dass Menschen im hohen Alter, also über 80 oder 90 Jahre, bei Ihnen sind? Heute werden behinderte Menschen ja auch sehr alt. Sprechen Sie mit ihnen bei einer Tasse Kaffee auch mal über den Tod?

Das ist ein Teil unseres Lebens und daher auch fester Bestandteil unseres Bereiches. Wir haben eine Tür, an der die Todesanzeigen der Leute, die verstorben sind, hängen. Das Thema Sterben wird angesprochen.

Ich habe vorhin gesagt, dass Sie ein Mensch sind, der weiß, was Lebenshunger ist. Erzählen Sie uns doch, was früher in Ihrem Leben los war. Da spielte Jesus ja überhaupt keine Rolle.

Er hat schon eine Rolle gespielt, aber eine negative Rolle. Ich bin ein 58er Jahrgang. Ich habe die ganze APO-Generation mitbekommen und für mich waren Jesus und Gott tot. Ich habe sie für tot erklärt. Gott war in meinem Leben gestorben. Ich bin in einem christlichen Elternhaus aufgewachsen und dort ist mir sehr vieles vermiest worden, weil ich schlechte Erfahrungen gemacht habe. Für mich folgte daraus die Konsequenz, das alles abzulehnen.

Welche Erfahrungen waren das? Wie kann man jemandem Gott vermiesen?

Indem er als Erzieher missbraucht wurde: „Gott sieht alles, er hört alles und wenn du nicht brav bist ... Falls ich es nicht mitbekomme – er bekommt es mit!

Dann hast du den Dreck." Ich bin damit klein gehalten worden, gefügig. Das war kein Gott, der befreit hat, sondern der strafende Gott stand im Vordergrund. Und das andere war, dass ich gemerkt habe, da passt was nicht zwischen dem, was gesprochen wird, und dem, was an Stimmung da ist und gelebt wird.

Gott für tot zu erklären hat sich vermutlich auch auf Ihre Gesinnung niedergeschlagen. Was waren damals Ihre Überzeugungen und Ideale?

Wie ich schon gesagt habe, spielte die Außerparlamentarische Opposition, die alternative Bewegung haben wir sie damals genannt, eine große Rolle. Es ging darum, Autoritäten zu zerstören, sich von Autoritäten zu befreien und das, was einen bewegt, auszuleben.

Wenn Sie heute darüber nachdenken, war das eine Zeit, die für Sie gestimmt hat? In der Sie glücklich und zufrieden waren?

Nein, es gab immer wieder Zeiten, in denen ich gemerkt habe, da stimmt was nicht. Ich war auch politisch aktiv und habe gemerkt, dass ich das, was mich bewegt, in dieser Form nicht rüberbringen kann. Und es war mir sehr wichtig, dass ich in meinem Leben echt bin. Egal, wo ich stehe, ich muss authentisch sein.

Jetzt hat Gott es so an sich, dass er aufersteht. Sie haben ihn für tot erklärt und auch bei Ihnen ist er auferstanden. Wie kam es dazu?

Er hat an mir gewirkt und er hat mich sehr gut gekannt. Er wusste, er muss in dieser Lebensphase erst ein Thema, das mich ganz stark bewegte, befrieden. Das war das Thema Vater. Ich war in einer Männergruppe und habe dort den Impuls mitbekommen, meine Beziehung zu meinem Vater aufzuarbeiten, mich mit ihm zu versöhnen. Das habe ich noch zu seinen Lebzeiten gemacht und dadurch hat sich eine Tür geöffnet für meinen himmlischen Vater, die davor ganz klar verschlossen war.

Jetzt arbeiten Sie mit Menschen mit Behinderung. Kommen Sie da nicht ab und zu ins Fragen: „Gott ist so gut zu mir, warum lässt er diese mit so einer Behinderung durchs Leben laufen?"

Es steht mir grundsätzlich nicht zu, über Gott zu urteilen. Für mich ist Gott ein guter Gott, der mit jedem Mensch einen Plan hat und der seine Geschöpfe liebt. Meine Aufgabe ist es, die Menschen in ihrer Lebensphase zu begleiten.

Hat sich für Sie über die letzten Jahre so etwas wie eine Lebensphilosophie, ein Lebensmotto herausgestellt? Durch Ihre Arbeit oder durch Ihren neuen Glauben?

Ja, durch meinen Glauben habe ich ganz viele neue Handlungskompetenzen erhalten. Es gab Situationen, da wusste ich nicht mehr ein noch aus. Doch dadurch, dass ich Jesus in meinen Alltag einbeziehe, dass ich Sachen an ihn abgeben kann, ihn fragen kann und auch Antworten bekomme, hat sich mein Leben verändert. Ich bin dadurch bereichert und beschenkt worden.

Das spürt man Ihnen ab. Herr Ruf, ganz herzlichen Dank, dass Sie bei uns waren. Ein letztes Thema habe ich noch: Sie engagieren sich bei den Zieglerschen stark für das Jugenddiakoniefestival. Warum ist Ihnen das so wichtig? Drei Tage erleben Jugendliche in Wilhelmsdorf Diakonie von ihrer schönsten Seite und Sie mittendrin und sehr engagiert. Warum?

Mir ist es sehr wichtig, dass Jugendliche die Erfahrung machen, dass ein Festival zu feiern, Musik zu hören und mit anderen zusammen zu sein auch ohne Alkohol und ohne Drogen geht. Und dass sie mit diakonischen Arbeitsfeldern in Berührung zu kommen, Informationen erhalten, Angebote bekommen. Ich möchte einfach mit ihnen in Kontakt kommen, damit Begegnung stattfinden kann.

„Ihr Kind ist Autist"

Karin Bockstahler

Karin Bockstahler wurde streng katholisch erzogen, sie wollte Pfarrerin werden, wollte aber nicht ins Kloster. Sie hat ihre Mutter, die an Krebs erkrankt war, mit nur 54 Jahren verloren. Heute ist sie glücklich verheiratet und hat drei Kinder. Eine spannende Biografie.

Sie haben drei Kinder, aber Sie haben bald gemerkt, dass mit dem zweiten Kind etwas nicht stimmt. Was war?

Der Lukas, so heißt unser zweites Kind, hat einen Bruder, der ein gutes Jahr älter ist. Im direkten Vergleich fiel mir auf, dass er sich anders entwickelt. Es war natürlich auch klar, jedes Kind ist anders, entwickelt sich anders, aber Lukas war halt sehr, sehr langsam in der Entwicklung und auch seine Reaktionen waren ungewöhnlich. Den Körperkontakt zum Papa oder anderen Menschen hat er eingeschränkt. Er hat immer mit seinem Ärmchen abgeblockt, wenn man ihn auf die Schulter legen wollte.

Dann kamen die Vorsorgeuntersuchungen und da fiel er immer aus der Kurve. Er war einfach zu langsam, aber so grenzwertig, einfach ein Spätentwickler. Irgendwann war dann jedoch der Punkt erreicht, an dem der Arzt meinte, man sollte eine Kinderneurologin einschalten. Lukas wurde untersucht und getestet, dann wurde ein EEG geschrieben, was aber nur angezeigt hat, dass er wohl langsam ist. Sein Gehirn war nicht so vernetzt wie es altersgemäß sein sollte. Nach weiteren Untersuchungen war irgendwann klar: wenn kein medizinischer Befund herauskommt und das Kind die und die Eigenheiten aufweist, dann steht das Thema Autismus im Raum.

Was heißt Autismus, kurz auf den Punkt gebracht?

Autismus ist eine sehr vielschichtige Geschichte. Autisten leben in ihrer eigenen Welt. Mir hat ein Vergleich geholfen: Stell dir vor, du bist Schauspieler und wirst auf eine Bühne gestellt, hinein in ein Bühnenstück. Du weißt nicht, welche Rolle du spielst und auch nicht, welches Stück gespielt wird. So in etwa fühlt sich ein Autist in dieser Welt. Autisten haben eine völlig andere Wahrnehmung, die aber nicht erfasst werden kann. Sie können keine Reize filtern, alles bricht auf sie ein, es kann nichts aus- und abgeblendet werden. Daher sind diese Menschen voller Eindrücke.

Die Bandbreite ist sehr groß. Unser Kind ist sehr stark beeinträchtigt, weil es nur sehr eingeschränkt über Sprache kommunizieren kann. Ich kenne mein Kind jetzt 16 Jahre und kenne es nicht. Es ist alles Gefühlssache. Er kann mir nicht sagen, wie es ihm geht, was ihn umtreibt. Das war schon immer so. Ich musste immer fühlen, was mein Kind jetzt gerade braucht oder was er will, was ihm jetzt gerade gut tut und was nicht. Und in vielen Situationen weiß ich das bis heute nicht. Man weiß so gar nicht, was überhaupt bei ihm ankommt. Aber er lässt einen spüren, wenn er einen mag, und wenn Lukas sich freut, zeigt er dies sehr eindrücklich.

Sie sagen, Sie kennen Ihren Sohn 16 Jahre und kennen ihn doch nicht. Was spielt er denn für eine Rolle in der Familie? Sie haben ja noch zwei andere Kinder. Ist er trotzdem ein Kind von Ihnen, bei dem Sie auch Muttergefühle haben?

Ja, natürlich! Das ist unser Kind und auch ein Wunschkind. Er ist heiß geliebt. Er ist der Bruder seiner Geschwister. Das sage ich ihm auch immer wieder, seit er klein ist: Du bist in Ordnung, so wie du bist. Du bist unser Kind. Du bist willkommen. Denn ich denke, Autismus hat auch viel mit Angst zu tun und mit Annahme.

Ich stelle mir das ziemlich schwierig vor. Sie haben einen Marathon zu vielen Ärzten und Therapeuten hinter sich. Wenn man dann die Gewissheit hat, mein Sohn ist anders und man auch immer den Vergleich mit anderen eigenen Kindern hat, wie kommt man da als Mutter mit so einem Schicksal zurecht? Was hat Ihnen dabei geholfen?

Naja, man wird schon ins kalte Wasser geworfen. Das Kind ist anders und wird einen anderen Weg nehmen. Zum Glück habe ich einen Mann und zwei andere gesunde Kinder, die gar keine Fragen gestellt haben, warum gerade wir oder warum ist das so?

Wir nehmen das an. Das ist ein Kind Gottes, und auch dieses Kind hat Würde und bringt ganz viel in unser Leben. Allein die Kontakte, die wir durch dieses Kind bekommen haben, das wird uns immer wieder bewusst. Sie und ich, wir beide hätten uns ja auch nicht getroffen, wenn ich dieses Kind nicht hätte. Lukas ist ein Zugewinn und ist wichtig.

Sie können heute sagen, dass Lukas ein Kind Gottes ist. Und trotzdem frage ich mich: Sie sind katholisch erzogen, Sie engagieren sich in der Kirchengemeinde und sind ein gläubiger Mensch. Wie kommt man damit klar, dass man selbst so ein Schicksal auferlegt bekommt, wo doch eigentlich eher alles gelingen und glatt laufen soll. Wie bekommt man das zusammen, dass man nicht mit Gott ins Hadern kommt?

Ich denke, glatt laufen muss es nicht. Man darf auch zweifeln an Gott oder fragen: Warum muss ich das jetzt haben? Aber ich habe mich immer aufgefangen gefühlt. Ich habe immer Antworten auf meine Fragen bekommen. Gerade in schlimmen Zeiten oder in schlaflosen Nächten. Diese Phasen waren bei uns viel länger, wir hatten das nicht nur im Kleinkindalter. Es kommt immer noch vor. Dann habe ich Vertrauen darauf, dass wir die nächste Nacht wieder schlafen können. Wenn ich am Rande bin, dann bekomme ich wieder von irgendwoher Kraft. Ich glaube, dass Gott ein guter Gott ist, dass er mir aber auch was aufladen darf. Aber ich bin mir sicher, er lädt mir nicht mehr auf, als ich tragen kann.

Das hört sich sehr ermutigend an. Was würden Sie denn einer jungen Mutter raten, die vor der Frage steht: Soll ich das Kind, welches vielleicht behindert zur Welt kommt, austragen oder nicht? Was würden Sie ihr aus Ihrer Lebenserfahrung mit auf den Weg geben?

Aus meiner Lebenserfahrung gibt es da keine Zweifel. Ich würde jedes Kind austragen. Ich habe auch bei meinem dritten Kind, als ich schon Bescheid wusste, dass mit meinem zweiten Kind etwas nicht stimmt, keine Spezialuntersuchung oder anderes machen lassen. So wie Lukas jetzt ist, das hätte kein Arzt der Welt feststellen können. Und ich denke, wenn ich mich für ein Kind entscheide, dann entscheide ich mich für dieses Kind, egal mit welchen Makeln es auf die Welt kommt oder auch nicht. Und man weiß ja nie, was später ist. Ich habe offiziell ja auch ein gesundes Kind zur Welt gebracht. Es hat sich ja erst im Laufe der Zeit herausgestellt, dass er doch eine schwere Beeinträchtigung hat und auch zeitlebens ein „Sorgenkind" bleiben wird. Ich bin sowieso prinzipiell gegen Abtreibung, das passt für mich gar nicht.

Ausweg aus der Sucht

Karin Friedle-Unger

Was hat sie nicht schon alles gemacht in ihrem Leben! Sie hat Anglistik, Slawistik und Kommunikationswissenschaften studiert, sie ist Speditionskauffrau, Buchhändlerin, außerdem ist sie Wortliebhaberin und Musikerin aus Leidenschaft, Schauspielerin und so weiter und so fort. Karin Friedle-Unger.

Es gibt so vieles, was Sie schon gemacht haben. Das hört sich ein bisschen so an, als ob Sie lange auf der Suche nach Ihrem Platz, nach Ihren Begabungen waren. Stimmt das?

Das stimmt in gewisser Hinsicht, ich habe lange gebraucht, bis ich gemerkt habe, dass ich eine ganze Menge Begabungen habe, die einfach so eine große Bandbreite abdecken. Und ich habe ganz lange gebraucht, bis ich da angekommen bin, wo ich heute bin.

Das ist eine Entwicklung, die auch noch nicht abgeschlossen ist. Ich habe keinen dieser Studiengänge komplett beendet. Ich habe zwischendurch auch mal auf dem Bau gearbeitet und ein soziales Jahr gemacht. Ich habe schon viel gemacht und heute empfinde ich es als Bereicherung, aber es gab auch Zeiten, in denen ich dachte: „Warum kriege ich nichts fertig? Warum schaffe ich es einfach nicht, eine bestimmte

Sache durchzuziehen? Zehn Semester zu machen und dann auch den Abschluss draufzusetzen?"

Wenn man viele Dinge abbricht und das Gefühl hat, man schafft es nicht, kommt man sich dann manchmal wie ein kleiner Versager vor? Ist das ein Gefühl, mit dem Sie leben mussten?

Ja, sicher. Ich habe mich ganz lange über viele Jahre unwohl gefühlt.

Wie sind Sie mit diesem Gefühl klargekommen?

Lange Zeit habe ich gar nicht bewusst wahrgenommen, dass ich mich unwohl oder in meiner Haut nicht zu Hause fühle. Stattdessen habe ich mich immer angepasst und geschaut, dass alles funktioniert. Ich hatte in der Schule und im Studium Topnoten. Dann hat sich das verschoben und ich habe gemerkt, ich bekomme das alles einfach nicht gebacken. Ich will morgens nicht aufstehen, ich kann da nicht hingehen. Ich habe dann schon sehr früh angefangen, Alkohol zu trinken. Schon gegen Ende der Schulzeit. Das ist natürlich eine gute Möglichkeit gewesen, schlechte Gefühle erstmal nicht erleben zu müssen und das alles irgendwie wieder stimmig hinzubekommen.

Ich habe Sie dadurch kennengelernt, dass Sie sehr oft bei uns in den Zieglerschen aufgetaucht sind, und zwar in der Suchtkrankenhilfe. Irgendwann habe ich dann herausgefunden, dass Sie selbst tatsächlich auch eine Therapie bei uns gemacht haben, eine Langzeittherapie.

Ja.

Das heißt, es blieb nicht bei diesem geregelten Alkoholkonsum, sondern es hat sich zu einer Sucht entwickelt?

Ja, ich bin richtig reingeschlittert in die Sucht. Schon mal ganz früh, als ich so 18, 19 war, und dann nach einem längeren Englandaufenthalt, nachdem ich wieder in Heilbronn angekommen war und irgendwie nichts mehr geregelt bekommen habe. Ich wusste, da stimmt was nicht, und habe das einfach mit Alkohol kompensiert.

Ich habe relativ früh gemerkt, dass ich das anders mache als andere. Die Leute aus meinem Freundeskreis gingen Freitagabend auf eine Party oder in die Kneipe und mussten sich dann am Samstag eher ausnüchtern und runterkommen. Das war bei mir eigentlich nie so. Ich bin halt am Samstag auch wieder los. Erst vor Kurzem habe ich wieder gesehen, dass in meiner Abizeitung drinsteht: „War sie nicht auf ein Bier in der Laube, dann fehlt ihr was." Das trifft es ganz deutlich. Ich war einfach jeden Abend weg und ich habe jeden Abend getrunken. Und das schon zu Abiturzeiten.

Und dann landen Sie irgendwann auf Ihrem Lebensweg hier in einer Suchtklinik. Ist das für Sie das absolute Ende gewesen?

Das Ende war vorher. Ich habe eine lange Zeit einigermaßen abstinent gelebt, als ich meinen Mann kennengelernt habe. Zum ersten Mal hatte ich so etwas wie eine Heimat, ich fühlte mich gut mit mir selbst. Ich wusste noch nicht, dass ich abhängig war. Denn in dieser Zeit hatte ich einfach aufgehört zu trinken und zu rauchen. Doch nach ein paar Jahren ging es wieder los. Als ich dann hier war, war das eigentlich der Endpunkt von einigen ganz schrecklichen Jahren. Und es war auf alle Fälle zugleich der Anfang von etwas Neuem.

Was war in der Suchttherapie das Wertvollste für Sie? Etwas, das Sie vielleicht bis heute noch bewahren und beschützen?

Das ist schwer zu sagen, weil es vieles gibt. Aber wenn ich es ganz spontan beantworten soll, dann sicherlich der ein oder andere Satz von zwei ganz begnadeten Therapeutinnen, die diese Arbeit gemacht haben. Die mir ein Gegenüber waren. Die mich beim Namen kannten vom ersten Tag an, an dem ich hier angekommen bin. Als ich eigentlich noch gar nicht richtig da war, hat die Frau Mayer schon gewusst, wie ich heiße. Dadurch habe ich gedacht: „Hier bin ich erstmal richtig. Die wissen nicht nur, wie ich heiße." Auch ihr Blick, der aussagte: „Wir wollen dich so akzeptieren, wie du bist." Das fand ich erstaunlich.

Stimmt es, dass Sie seitdem abstinent leben?

Ja, das stimmt.

Und sind Sie seitdem zufriedener?

Ja, mit Sicherheit.

Stimmt es auch, dass Sie mit Ihrer Familie im Reinen sind? Dass der Familienfrieden wieder aufgerichtet ist?

Das kommt darauf an, was man unter Familienfrieden versteht. Wir sind fünf Personen im Haushalt. Aber insgesamt betrachtet, ja.

Wenn das alles so stimmt, was genau ist denn bei Ihnen in der Therapie passiert? Hat einfach einer einen Hebel umgelegt? Würden Sie heute sagen, das hat nichts mehr mit dem, was früher war, zu tun?

Ich glaube nicht, dass man ein anderer Mensch wird. Das empfinde ich auch nicht so, aber ich habe einfach gespürt, dass andere Teile von mir wieder einen größeren Raum bekamen. Ich habe mich besser kennengelernt: Welche verschiedenen Anteile gibt es bei mir? Was ist schiefgelaufen, aber was ist auch ganz ok? Was macht mich aus? Was ist es, was die anderen ausmacht? Das war das Entscheidende.

Sie selbst haben ein „Ja!" zu sich gefunden, die Therapeuten hatten ein Ja zu Ihnen. Gott hat ein Ja zu Ihnen. Denken Sie trotzdem manchmal: „Ich schäme mich für das, was da passiert ist. Ich schäme mich für diesen Teil in meinem Leben"? Oder haben Sie dazu in der Zwischenzeit auch ein komplettes Ja?

Das weiß ich nicht. Scham und Schuld sind ganz große Gefühle, und wenn ich rückblickend an ein paar Dinge denke, die ich getan habe, dann schäme ich mich schon. Nicht für das Gesamtpaket sozusagen, aber natürlich für ein paar Dinge, die ich getan habe. Dinge, bei denen man auch seine Würde verliert. Dann hatte ich natürlich eine große Verantwortung gegenüber meinen Kindern und auch gegenüber meinem Mann, und bin dieser Verantwortung überhaupt nicht gerecht geworden. Das ist schon etwas, worüber ich auch heute nicht mit Begeisterung nachdenke. Aber immer wieder denke ich auch: „Mensch, so war's eben." Da gibt es nichts zu beschönigen.

Mehr über Karin Friedle-Unger finden Sie auf ihrer Homepage www.karin-fu.de

Gerade das Anderssein ist das Wertvolle

Karin und Michael Agotz

Freunde von mir meinten: Wenn du im Fernsehgottesdienst mal ganz besonders liebenswürdige Menschen interviewen möchtest, dann lade Karin und Michael Agotz ein. Ich habe das gemacht und freue mich, dass es geklappt hat und sie nun zu Gast sind.

Zwei ganz besondere Menschen. Michael Agotz hat gleich zu mir gesagt: „Wir duzen uns. Denn vor Jesus sind alle gleich und er kennt kein ‚Sie‘, bei Jesus duzen sich alle."

Michael: Genau, so ist es!

Ihr seid zum ersten Mal im Fernsehen. Seid ihr aufgeregt?

Mittelmäßig. Das gehört dazu.

Michael, einige Menschen werden fragen: Soll man die wirklich ins Fernsehen bringen? Die sehen ja so ein bisschen anders aus und reden auch ein bisschen anders. Ihr sitzt beide im Rollstuhl …

Warum nicht? Andere gehen doch auch ins Fernsehen. Gerade das Anderssein ist ja das Besondere – und das Wertvolle!

Ja, das stimmt. Michael, wie nennt man die Behinderung, die ihr habt? Habt ihr beide die gleiche Behinderung?

Von Geburt an sind wir so geboren. Wir sind von Geburt an Spastiker. Karin durch spätere „Gelbsucht" und bei mir durch Sauerstoffmangel während der Geburt. Ich war das fünfte Kind, sollte eigentlich nicht leben, sondern abgetrieben werden – aber es hat nicht geklappt! Gott war stärker!

Habt ihr manchmal ein bisschen damit gehadert, dass ihr anders seid als andere?

Nein, das haben wir nicht. Wir haben gelernt, damit umzugehen.

Werdet ihr manchmal komisch angeguckt?

Ja, aber das stört uns nicht.

Das ganz Besondere an eurem Leben: Ihr seid nicht befreundet, sondern ihr seid verheiratet.

Genau. Seit dreißig Jahren. Hochzeitstag haben wir am 30. April 1988.

Wie habt ihr euch kennengelernt?

In Ludwigsburg. Ich habe da Urlaub gemacht. Ich komme aus der DDR. Behinderte, die nicht arbeiten konnten, wurden als Rentner eingestuft. Die konnten dann nach Westdeutschland reisen und dort Urlaub machen.

Und plötzlich steht die Frau deines Lebens vor dir?

Jaja, so ähnlich!

Gleich Herzklopfen bekommen?

So ähnlich, ja … Meine Frau und ich haben einen gemeinsamen Liedermacher, den wir mögen: Manfred Siebald. Wir haben beide eine Kassette von ihm angehört und gemerkt: wir gehören zusammen! Besonders hat uns von ihm das Lied „Gut, dass wir einander haben!" gefallen.

Habt ihr selber auch eine Beziehung zu Gott, zu Jesus?

Natürlich, sonst wären wir ja nicht zusammen! Wir glauben beide an Jesus, der uns täglich hilft!

Das ist ja interessant. Wenn man so ganz anders ist als andere und eine Behinderung hat, dann könnte ich mir vorstellen, dass man deswegen manchmal wütend auf den lieben Gott ist.

Ja, das gibt's auch. Das kann man einem nicht verdenken, oder?

In der Bibel heißt es ja sogar einmal: „Ich, der Herr, habe die Lahmen, Blinden, Tauben geschaffen." Ihr seid ganz besonders wertvolle Menschen – von Gott so erschaffen!

Für mich gibt es noch eine andere Bibelstelle, die mir sehr wichtig ist: Johannes 9. Das musst du lesen. Es geht um die Heilung eines Blinden.

Und da sagt Jesus an einer ganz bestimmten Stelle: „Ihr sollt das Licht sein. Ihr sollt meine Zeugen sein!" Hat aber nichts mit den Zeugen Jehovas zu tun. *(lacht)* Das möchten wir gerne sein: Zeugen von Jesus. Und da ist es egal, ob man behindert oder nicht behindert ist.

Wenn ihr Zeugen von Jesus seid: Was ist denn für euch das Besondere an Jesus?

Seine Liebe zu uns, die bedingungslos ist. Wir hören und machen in unserer Gemeinde sehr gerne Lobpreis und Anbetung. Da ist er wichtiger und was er kann. Und nicht das, was, wer und wie WIR sind. Lobpreis lenkt den Blick auf den WICHTIGEN und auf das WESENTLICHE.

Habt ihr ein Lieblingslied?

Ja: Jesus ist kommen, Grund ewiger Freude. Aber die moderne Fassung vom Gebetshaus Augsburg.

Das ist schön. Man spürt euch ab, dass ihr Lebensfreude habt. Lieber Michael, wie ist das: Es war ja jetzt nicht ganz einfach hierherzukommen. Ihr braucht viel Hilfe.

Ja, wir brauchen sehr viel Hilfe. Für alles eigentlich.

Ist es für euch immer einfach, Hilfe anzunehmen, oder eher schwer?

Nein, für uns selber ist es nicht schwierig. Aber für die anderen manchmal. Wenn die andern nicht wollen, können wir sie nicht zwingen. Wir können ihnen ja nicht sagen: „Nun macht mal!" Das geht nicht. Wir müssen versuchen, die Herzen zu gewinnen.

Meines habt ihr schon gewonnen. Michael, jetzt habe ich die meiste Zeit mit dir gesprochen. Wie redet ihr denn miteinander? Liest du Karin alle Wünsche von den Lippen ab?

Nein, wir reden ganz normal miteinander. Das dauert manchmal ein bisschen länger. Aber das macht nichts.

Gab es denn in den dreißig Jahren auch schon mal Streit?

Nein. *(lacht)* Ernsthaft nicht. Mal so aus lauter Quatsch, aber sonst nicht. Wenn wir wirklich was Ernstes haben, dann reden wir auch offen darüber. Und lieber einmal mehr als zu wenig. Vergebung, die uns durch Jesus zuteil wird, gehört in unserem Alltag ganz fest dazu!

Lieber einmal mehr als zu wenig darüber reden ... von euch können wir viel lernen, lieber Michael, liebe Karin. Ganz herzlichen Dank, dass ihr bei uns wart!

Und – darf ich das verraten? Michael ist ein begeisterter Facebooker. Wir haben viel über Facebook kommuniziert. Wenn Sie Fragen an Michael und Karin haben: Schauen Sie rein bei Facebook! Alles Gute euch und Gottes Segen.

Danke. Und dir wünschen wir auch Gottes Segen! Mach weiter mit dieser Sendung! Du bist ein lebendiger Pfarrer. Die Leute brauchen das Lebendige!

Nachtrag:

Es war für mich eines der bewegenden Interviews in unserem Fernsehgottesdienst. Der Vorbehalt in mir war groß, Karin und Michael Agotz einzuladen. Ich hatte den Eindruck, man kann nicht alle Menschen ins Fernsehen bringen. Und die beiden sind einfach auch äußerlich anders. Aber Jesus war stärker. Er hat mich überredet und sie kamen! Es hat sehr viel gekostet, sie von ihrem Zuhause in unsere Fernsehkapelle zu bringen. Es war aufwendig und mühevoll. Ging nur mit zwei Pflegemitarbeitern, die sich den ganzen Tag um sie kümmerten. Inklusion kam an ihre Grenzen. Sie können eben nicht so, wie sie wollen, wann sie wollen, was sie wollen. Und Hilfe ist teuer und oft findet man niemanden, der helfen will oder kann.

Nun – dann waren sie da. Und vor den Aufzeichnungen fragte ich sie auch, ob sie denn wirklich ins Fernsehen müssten, sollten, könnten. Und die Antwort löste Gänsehaut aus: Ja, warum denn nicht? Das Besondere ist doch das Wertvolle. Ebenfalls die Antwort beim Mittagessen auf meine Frage, wie sie sich als Ehepaar kennenlernten: „Es war Liebe auf den ersten Blick!"

Das trieb mir schon Tränen in die Augen. Liebe auf den ersten Blick. Ich weiß, wann ich Liebe auf den ersten Blick hatte, und bei wem. Bei Karin hätte ich das mit Sicherheit nicht gehabt. So begrenzt ist meine Liebe. Meine Sicht der Dinge! Ich war berührt! Wir waren einen ganzen Tag zusammen. Und der Tag war für mich unvergesslich.

Immer wieder habe ich von den beiden erzählt! Übrigens auch in Korsika, bei einer SdH-Zuschauerreise.

Ich hielt Bibelarbeiten und Konzerte. Bei einem Konzert erwähnte ich Karin und Michael. Erzählte ihre Geschichte. Danach sang ich ein Lied über Engel. Am Ende des Abends kam eine Frau zu mir: „Ich möchte gerne Engel sein für Michael und Karin." Wie sie das meine, fragte ich sie zurück. „Ich möchte den beiden gerne etwas Gutes tun. Vielleicht haben sie ja einen Wunsch. Einen neuen Computer oder mal eine Reise machen auf der AIDA." Ich schluckte: eine Reise auf der AIDA? Das kostet mindestens 20 000 Euro. „Egal", sagte sie, „Geld spielt keine Rolle! Ich habe viel davon und brauche es nicht mehr für mich. Ich möchte den beiden etwas Gutes tun."

Nach der Korsikazeit erzählte ich Karin und Michael davon. Und tatsächlich, sie hatten einen Wunsch! Sie wollten so gerne noch ihre Hochzeitsreise machen. Das war ihnen bisher nicht möglich. Wohin die denn gehen solle, fragte ich sie. „Nach Israel! In das Land Jesu!" Ich schluckte wieder. Nach Israel! Ausgerechnet nach Israel. 12 Tage, mit etwa vier Pflegenden, alles barrierefrei, vom Bus bis zum Hotel. Oh weh … das wird teuer. Ich telefonierte mit dem Engel und sie sagte: „Das ist kein Problem. Bitte organisieren Sie die Reise!" Ich war sprachlos! Was so ein Bote Gottes an Frohbotschaft alles auf Lager hat! Wie groß ist Gott! Gott sei Dank! So planen wir im Augenblick die Reise nach Israel mit einem Spezial-Reise-Anbieter. Im April 2019 findet sie statt. Auf die Eindrücke und Erzählungen der beiden bin ich heute schon gespannt!

Etwas ganz Besonderes hat mir Michael noch ans Herz gelegt. Er hat eine große Vision. Er träumt von einem Haus, in dem alle wohnen können. Juden, Christen, Muslime. Alte, Junge. Kranke und Gesunde. Mit Rollstuhl und ohne Rollstuhl. Katholische und evangelische. Freikirchler, Charismatiker und Atheisten. Alle haben Platz und Raum darin! Und das Besondere: in diesem Haus ist der Hausmeister kein anderer als Jesus Christus selbst! Und er zeigt uns seine Liebe: alle, auch die, die anders sind, anders denken, anders glauben, sind geliebt und unendlich wertvoll. Alle Menschen gehören in Jesu Namen zusammen. Das ist ein sehr aufwendiges Projekt, eine große Vision. Aber im Herzen und auf den Lippen ein „Großer Gott, wir loben Dich!" sollte helfen, es in die Tat umzusetzen. Der Heilige Geist ist ein Geist der Kraft und nicht der Verzagtheit!

Kunst für Gott

Katja Voßeler

Ich besuche Katja Voßeler in ihrem Haus mit Atelier in der Nähe des Bodensees. Nicht nur das Haus, das sie zusammen mit ihrer Familie bewohnt, ist wunderschön, auch ihre Bilder sind einfach ein Traum. Katja Voßeler ist Künstlerin. Sie hat eine ganz bewegte Kindheits- und Jugendgeschichte hinter sich. Ihre Botschaft heute befasst sich mit der Vaterliebe Gottes. Das kommt auch in ihren Bildern zum Ausdruck.

Sie waren nicht immer Künstlerin. Wann und wodurch ging das denn los, dass Sie sich so mit dem Vaterherz Gottes beschäftigten und dies durch Kunst ausdrücken?

Ich muss eines zunächst berichtigen: Ich war schon immer Künstlerin, habe mich aber früher nicht mit der Vaterliebe Gottes beschäftigt. Ich habe meine Bilder damals völlig anders dargestellt. Früher ging es eher um Dinge, die, sage ich jetzt mal, in Sünde waren, insbesondere in sexueller Hinsicht. Richtig negativ, auch viel mit Angst besetzt. Aber als ich Jesus kennenlernte und dann später den Vater, habe ich das alles umgedreht. Er hat mir dann gesagt, ich soll alle alten Bilder einfach wegschmeißen. Er würde mir erst neue Bilder schenken, wenn ich alles Alte weggeschmissen habe. Das habe ich auch getan und dann sind all die neuen Bilder gekommen. Und seitdem male ich aus meinem Herzen heraus die Bilder, die er mir persönlich gibt, oder welche, die ich selbst im Geistlichen mit ihm erlebe. Das versuche ich dann aufs Blatt zu bringen. Viele Bilder sind mit vielen Tränen gemalt worden.

Bleiben wir doch noch mal bei Ihrer Vergangenheit, bevor wir zu den Bildern kommen, die heute entstehen. Sie machen kein Geheimnis daraus, ich habe es bei Ihnen auf der Homepage gelesen. Sie sagen, Sie haben durch die Kraft des Glaubens einen schweren Lebensweg bezwungen. Was meinen Sie damit?

Meine Kindheit und Jugend waren sehr von Einsamkeit, Missbrauch, sexuellem Missbrauch und auch viel Sinnlosigkeit geprägt. Ich wusste eigentlich gar nicht, warum ich auf der Welt bin. Das war für mich ein Überlebenskampf. Das Gefühl, ständig überleben zu müssen. Ich bin aus einer Vergewaltigung entstanden und es war für mich ein großer Schock, als meine Mutter mir das sagte. Aber da ich Gott schon tiefer kannte, konnte ich besser damit umgehen. Wenn sie mir das gesagt hätte, als ich Gott noch nicht hatte, hätte mich das wahrscheinlich unglaublich zurückgeschlagen. So konnte ich dann ganz schnell zum Vater im Himmel gehen und habe ihm das erzählt. Er hat mich beruhigt und hat mir dann auch den Heilungsweg geschenkt.

Ich habe dann viele Jahre Seelsorge empfangen und bin dabei noch tiefer in diese Wunden gegangen. Auch wenn es ein sehr schmerzhafter Prozess war, war ich letztlich glücklich, dass ich mich da hineingewagt habe. Aber Jesus hat mich auch gelockt, er hat mich gezogen und gesagt: „Schau, wenn du dir wirklich die Mühe machst, auf deine Wunden draufzuschauen, dann kannst du ein ganz neues Lebensgefühl bekommen, eine höhere Lebensqualität. Du hast wieder Freude am Leben, du kannst Menschen anders wahrnehmen, du kannst auf Menschen zugehen und du hast eine innere Entspannung." Die hatte ich früher zum Beispiel nicht. Ich war früher ein einziger verkrampfter, ängstlicher Mensch. Ich hatte vor allem Angst. Besonders vor Menschen und eigentlich vor dem ganzen Leben.

Sie haben 2008 ein wunderschönes Bild gemalt, das vermutlich Ihre Situation heute darstellt. Würden Sie uns kurz erklären, was man darauf sieht oder warum Sie das so gemalt haben?

[Bildbeschreibung: Ein kleines Mädchen liegt geborgen auf einer großen Hand; die andere Hand ist schützend darüber gelegt.]

Das sind die zwei Hände Jesu und da bin ich drin. Für mich war diese Geborgenheit immer ganz wichtig. Ich war lange Zeit als Tänzerin in Diskos unterwegs, so wie eine Art Go-go-Girl, und habe da natürlich auch Anerkennung bekommen, aber in Wirklichkeit habe ich mich so nach echter Anerkennung gesehnt. Dann hat Gott mir gezeigt, dass er mir da wirklich Ruhe geben will. Und mich geborgen halten will. Es ist interessant, ich habe so ein ähnliches Bild schon mal als Kind gemalt. Und ich habe das wieder gefunden. Als ich das gesehen habe, wurde mir klar, dass Gott ja schon damals zu mir gesprochen hat und mir gesagt hat: „Schau, ich bin bei dir."

Aber ich habe es damals nicht wirklich wahrgenommen. Als ich ihn dann noch mal ganz neu gefunden habe, hat er diesen Satz wiederholt und ich wusste, ich kann mich da hineinfallen lassen. Diese Wertschätzung von ihm, diese Wertigkeit, dass wir alle geliebte Königskinder sind. Das finde ich so toll, dass wir bei Gott noch einmal Kinder werden können und mit ihm und seiner Liebe schlimme Stationen unserer Kindheit durchleben können, und sehen, dass er dabei ist. Es hat mich unglaublich beruhigt, dass er in den schlimmsten Situationen meines Lebens dabei war und mich vor noch Schlimmerem bewahrt hat.

Jetzt müssen Sie uns noch erzählen: Wie kam es denn zu dieser neuen Situation? Wie sind Sie aus dieser langen Suche herausgekommen?

Ich bin Heilerziehungspflegerin und habe dann irgendwann meinen Mann gefunden. Wir haben geheiratet und als ich dann mit meiner Tochter schwanger war, habe ich für mich gemerkt, diese Katja mit der harten Schale will ich nicht mehr sein. Ich will endlich eine Frau sein können. Aber ich wusste auch noch nicht, wie das geht. Dann wurde es eine Zeitlang noch viel schlimmer. Ich wollte eigentlich weg von meinem Mann. Ich wollte ihn und meine Kinder verlassen und in Hamburg Domina werden. Es war aber so, dass ich eine Stimme in mir gehört habe, die immer gesagt hat: „Katja, das lasse ich nicht zu." Und eines Tages war ich dann in einem Gottesdienst, da hat der Pastor so stark zu mir gesprochen, dass ich dachte, der redet nur von mir, und ich konnte nicht mehr aufhören zu heulen. An einem Abend ist mir Gott dann begegnet. Ich hatte ganz viele Jahre Schlafstörungen und konnte ewig nicht einschlafen. Ich habe immer mindestens zwei, drei Stunden gebraucht, um einzuschlafen. Nach dieser Begegnung mit Gott kam so eine ganz warme Decke um mich und es kam ganz viel Liebe in mich hinein, ich habe bestimmt eine halbe Stunde nur geheult wie ein kleines Baby.

Und ab diesem Augenblick konnte ich wieder schlafen ohne Angst, ohne dass sich das Gehirn so verknotet, dass man nicht mehr rauskommt. Wo vorher immer die gleiche Schleife lief, hatte ich auf einmal völlige Ruhe.

Ein wunderschönes Gleichnis ist ja auch dieses Kunstwerk von Ihnen. Darf ich es in die Hand nehmen? Eigentlich ein Feuerholz. Erzählen Sie uns doch zum Abschluss noch ganz kurz etwas darüber.

[Bildbeschreibung: Ein Stück Feuerholz; auf der Rückseite sind manche Furchen der Rinde mit roter Farbe nachgezeichnet; vorne steht in der Mitte gemalt eine Braut; hinter ihr sind wasserfallähnlich ein blauer, ein roter und ein weißer Strom gezeichnet.]

Ja, dieses Feuerholz … manchmal, bevor ich das Feuer anmache, merke ich, dass ich ein bestimmtes Stück nicht wegschmeißen soll. Gott hat mir dann gezeigt, was ich daraus machen kann und er hat mir meine eigene Lebenswunde gezeigt. Dieser Schmerz, nicht gewollt zu sein, keine Eltern zu haben, die einen wirklich lieben, diese ganze Verlorenheit und Verlassenheit waren für mich sehr schlimm und ich konnte das Leben nicht genießen. Ich bin einfach zu jedem hingegangen und habe gesagt: „Schau, was der/die mit mir gemacht hat." Ich war sehr aggressiv und gefrustet. Und Gott hat mir gezeigt: „Du musst deine Wunde nicht mehr unbedingt zeigen, denn du bist nun in mir zu Hause."

Das Ganze soll Gott darstellen und wir sind diese Braut Gottes. Dieses Rote ist das Blut, das Jesus für uns vergossen hat. Darin ist alles, was wir in unserem Leben erlebt haben, was wir auch schlecht gemacht haben, getilgt. Wir brauchen uns keinen Kopf mehr darüber machen. Ich habe mir ständig Gedanken darüber gemacht, wie falsch ich bin und was ich alles verbockt habe in meinem Leben. Aber es ist durch sein Blut einfach komplett weggenommen. Dann gibt es noch die Liebe vom Thron Gottes, hier symbolisiert durch das blaue himmlische Wasser, was auch alles wegwäscht, und was aber auch Klarheit in unserem Herzen hervorbringt. Das Weiße ist hier ein Flügel des Heiligen Geistes, der in uns die Gewissheit bewirkt, dass wir in Gott ein wertvoller Schatz sind. Wir sind Königskinder. Und dieses Königskind soll leben in uns.

Hier ist noch ein Herz mit der Aufschrift „Lebe geliebt" und das ist das eigentliche Thema, das ich rüberbringen will. Wenn wir nicht lernen, geliebt zu leben, dann können wir das Leben nicht genießen. Dann werden wir immer nur getrieben, dann werden wir immer nur aufgefressen von der Arbeit, von den Ansprüchen der Welt, von Menschen und so weiter. Wir können Gott auch nicht wirklich genießen, weil wir ja ständig auf der Flucht sind und denken, wir müssen jetzt dieses oder jenes erfüllen, was uns aber wieder zu einer Art Sklaven macht.

www.jesuliebe.de

Leben im Hier und Heute

Reinhard Börner

Reinhard Börner ist eigentlich gelernter Sozialpädagoge. Lange Jahre hat er als Sozial- und Musiktherapeut am Fachkrankenhaus Ringgenhof in Wilhelmsdorf gearbeitet. Außerdem ist er begnadeter Musiker. Eigentlich hat er ja Waldhorn gelernt. Das hat er aber bald an den Nagel gehängt – und sein Herz an die Gitarre. Und die beherrscht er mit seinem speziellen „virtuosen-Börner-Special-Stil" meisterhaft.

Sie sind ja normalerweise Suchttherapeut und haben sich auf die Musik spezialisiert. Therapieren Sie sich auch selbst mit der Musik?

Ja, denn der Beruf als Suchttherapeut ist ja manchmal sehr anstrengend und nach Feierabend mache ich dann Musik, um zu entspannen und auf andere Gedanken zu kommen. Von daher ist das auch Musiktherapie für mich selbst.

Sie beschäftigen sich ja vor allem mit alten Chorälen, man könnte sagen, mit „verstaubter Tradition". Warum sind Ihnen ausgerechnet diese alten Choräle wichtig?

Das hängt mit meiner Kindheit zusammen. Meine Eltern sind jeden Sonntag mit mir in die Kirche gegangen und wenn ich mich da gelangweilt habe, was öfter mal vorgekommen ist, habe ich im Kirchengesangbuch gelesen. Die Gemeinde hat ja dann auch die Choräle gesungen und da ist mir aufgefallen, dass ein paar sehr schöne Lieder dabei waren. Nur habe ich gedacht, man müsste sie irgendwie anders spielen, anders rüberbringen. Nicht so viel Orgel und vielleicht ein bisschen flotter. Und damit ist eigentlich schon die Idee entstanden, so etwas einmal zu machen.

Einer, mit dem Sie sich sehr beschäftigt haben, ist Paul Gerhardt. Das ist ja ein großer Gottesmann, der aber auch viel Leid in seinem Leben erfahren hat. Was fasziniert Sie an diesem Menschen so?

Er hat es ja nicht immer leicht gehabt im Leben, aber ich höre ihn nicht klagen. Er hat immer noch Hoffnung, ist immer noch zuversichtlich, hat immer noch Gottvertrauen, und das finde ich sehr faszinierend an diesem Mann. Ich wünsche mir und anderen Menschen auch ganz viel davon.

Haben Sie auch Grund zum Klagen wie Paul Gerhardt?

Ja, wer hat das nicht. Ich glaube, das geht den meisten Menschen so. Ich selber war von gesundheitlichen Schwierigkeiten betroffen, hatte Herzprobleme und konnte plötzlich nicht mehr in meinem Beruf arbeiten. Eine Tatsache, die mir sehr zu schaffen gemacht hat. In dieser Zeit habe ich viel musiziert und auch viele Paul Gerhardt-Lieder gespielt. Besonders sein Lied *Befiehl du deine Wege* hat mir in dieser Zeit immer wieder Zuversicht und Hoffnung für meinen eigenen Weg gegeben, den ich ganz neu finden musste.

Sie sind engagiert, Sie haben einiges weiterzugeben. Hat es Sie in Ihrem Gottesverhältnis belastet, so krank zu sein? Plötzlich solche Schicksalsschläge erleiden zu müssen?

Da gab es natürlich Fragen, die offen geblieben sind. Die konnte ich nicht beantworten. Ich habe auch Gott gefragt: „Warum muss mir das passieren?" Es gab keine Antwort darauf. Ich kann aber jetzt aus der Rückschau sagen, dass mein Leben sich durch diese gesundheitliche Krise positiv verändert hat. Ich habe notgedrungen angefangen, anders zu leben, und das ist nicht nur negativ gewesen, denn ich habe einige Dinge überdacht und verändert in meinem Leben.

Können Sie uns noch ein bisschen hinter die Kulissen blicken lassen? Was tun Sie heute anders? Wie leben Sie anders?

Bedingt durch diese Krankheitsphase konnte ich nicht arbeiten und hatte viel mehr Zeit als sonst. Ich habe angefangen, achtsamer mit mir selbst umzugehen, meine Möglichkeiten, aber auch meine Grenzen neu wahrzunehmen und zu respektieren. Das war ein längerer Prozess und nicht immer einfach für mich, weil es viel mit Loslassen zu tun hatte.

Gibt es bei all dem, was Sie uns gerade erzählt haben, so etwas wie eine Lebensphilosophie, die Sie weitergeben können?

Ja, es gibt eine Lebensphilosophie, die ich die letzten beiden Jahre durchbuchstabiert habe.

In dieser Zeit habe ich ein Lied geschrieben, das mich seitdem begleitet und ich versuche, es jeden Tag neu mit Leben zu füllen. Es ist die beste Lebensform, die ich mir vorstellen kann.

Jeden Tag so zu leben
als würde es nur diesen geben
diese Stunde, diesen Augenblick.
Weniger an gestern kleben
weniger nach morgen streben
nur im Hier und Heute begegnet dir das Glück.

Leben ist ein Geschenk – pack es aus
Leben ist eine Herausforderung – nimm sie an
Leben ist eine Chance – nutze sie
Leben ist ein Abenteuer – wage es
Leben heißt Enttäuschung – gib nicht auf
Leben heißt Kummer – überwinde ihn
Leben heißt Abschied – lass doch los
Leben heißt Schmerz – lass ihn zu
Leben braucht Hoffnung – gib sie nicht auf
Leben braucht Glauben – verliere ihn nicht
Leben braucht Vertrauen – wirf es nicht weg
Leben braucht Liebe – gib sie weiter
Leben ist jetzt – lass es nicht warten
Leben ist heute – vertage es nicht
Leben ist kurz – genieße
Leben ist kostbar – zerstöre es nicht

Text und Musik: Reinhard Börner

© cap-music, 72221 Haiterbach-Beihingen

Anmerkung der Redaktion: Mittlerweile hat Reinhard Börner seinen Beruf als Suchttherapeut aufgegeben und widmet sich ganz der Musik.

Pfarrer trotz Sehbehinderung

Thomas Mann

Ich freue mich sehr auf meinen heutigen Gast in der Stunde des Höchsten: Thomas Mann. Er ist zum einen Pfarrer, aber er ist auch geschäftsführender Pfarrer und sogar stellvertretender Dekan. Und er ist Vertrauensperson für Pfarrerinnen und Pfarrer der württembergischen Landeskirche, die eine Behinderung haben. Ein ganz spannender Gast.

Ich freue mich, dass Sie da sind, Herr Mann. Sie haben mir geschrieben, Sie haben GdB 80 von 100. Was genau muss man sich darunter vorstellen?

GdB ist die Abkürzung für „Grad der Behinderung", und das sind bei mir eben 80 %. So wird das auf dem Behindertenausweis angegeben. Das ist eine Kennzahl, die einen relativen Eindruck vermitteln will, wie stark sich eine Behinderung auswirkt und wie sie vorliegt. In meinem Fall ist es eine angeborene Sehbehinderung und die Einschränkung wird mit 80 % in der Bewegung und in vielen anderen Dingen angegeben.

Eine angeborene Sehbehinderung. Wenn ich Sie jetzt spontan bitten würde, mir aus der Bibel 2. Chronik vorzulesen, würde das gehen?

Das würde gehen, ich habe zwar nicht meine Lesebrille auf, aber ich würde dann mal hier anfangen:

Kapitel 30 „Hiskias Erneuerung des Passahfestes. Und Hiskia sandte hin zu ganz Israel und Juda und schrieb Briefe an Ephraim und Manasse, dass sie zum Hause des Herrn nach Jerusalem kommen sollten."

Ich hoffe mal, Sie haben das jetzt nicht auswendig rezitiert. Als Pfarrer kennen Sie ja vermutlich die ganze Bibel auswendig.

Nein, nein, so schlimm ist es nicht.

Aber wie schlimm ist es tatsächlich im Alltag? Kommen Sie da manchmal an Ihre Grenzen?

Ja, ich habe zum Beispiel keinen Führerschein. Das ist zunächst mal die größte Einschränkung in der heutigen Zeit, in der Mobilität ja sehr groß geschrieben wird. Es war für mich schon nicht leicht, ohne Fahrgelegenheit hier auf den Höchsten zu kommen. Ohne öffentliche Verkehrsmittel fast nicht möglich. Das ist die Haupteinschränkung, auch in meinem Beruf, denke ich. Dass ich keinen Führerschein habe, ist eine Grenze. Es ist auch manchmal schwierig, Menschen aus der Entfernung zu erkennen. Ich bin dann darauf angewiesen, dass man den Namen sagt. Meine Gemeinde kennt das schon. Ich gehe auf der Straße und dann grüßt mich jemand von der anderen Straßenseite: „Hallo Herr Mann, ich bin's, der Herr Soundso." Besonders nett finde ich es bei Konfirmanden, wenn sie einen auch nach der Konfirmation weiterhin grüßen und den Namen dazusagen.

Es schränkt mich im Alltag nicht stark ein, aber es gibt schon immer wieder Situationen.

Ich stelle mir das sehr schwierig vor. Sie haben die alten Sprachen wie Hebräisch studiert, Sie müssen sehr viel lesen, und das als ein Mensch, der eine Sehbehinderung hat.

Ich habe gelernt, mit der Behinderung zu leben. Das ist etwas, was mir sehr wichtig ist. Es ist ein Unterschied, ob eine Behinderung angeboren ist oder ob die Behinderung durch einen Unfall oder eine Krankheit erworben wird. Ich kenne es nicht anders. Ich weiß nicht, was wirklich gutes Sehen ist, deswegen habe ich gelernt, mit dem, was ich noch sehen kann, umzugehen und damit zu arbeiten. Auch im Studium. Früher bin ich nur mit einer Lupe und einer Lesebrille ausgekommen. Die hatte ich jetzt gerade bei der Leseprobe nicht auf. Dann würde es vielleicht noch ein bisschen besser gehen. Heutzutage ist natürlich auch dank der modernen Technik viel mehr möglich. Ich arbeite natürlich viel am PC und verwende eine Vergrößerungssoftware, die mir den Bildschirm vergrößert, sodass ich damit ganz gut arbeiten kann. Das hat sich in den letzten 20-30 Jahren sehr verbessert.

Ist es denn authentisch, wenn Sie als Pfarrer über den predigen, der für Wunder bekannt ist und sogar Blinde heilen konnte? Ist das nicht ein Widerspruch, wenn Sie darüber reden und das selber gar nicht erlebt haben?

Ja und Nein. Es ist eine Herausforderung. Eine Herausforderung für mich als Pfarrer und Prediger, der ich ja mit dieser Behinderung leben muss, aber auch mit dieser Behinderung leben kann. Jetzt am kommenden Sonntag ist der Predigttext Jakobus 5: „Das

Gebet des Gerechten vermag viel, wenn es ernstlich ist." Da geht es ja auch um das Thema Gebetserhörung und ich habe einen Satz eingebaut, den ich immer wieder sage und den meine Gemeinde auch schon kennt: Ich bitte Gott nicht darum, dass meine Behinderung von mir genommen wird (und habe das auch noch nie getan), sondern dass Gott mir die Kraft gibt, mit dieser Behinderung zu leben und mir Menschen schickt, die mir dies auch erleichtern.

Ich denke schon, dass Jesus Blinde sehend gemacht hat und Kräfte hatte, die über das Normalmenschliche hinausgehen. Die Frage ist nur, wie wir heute damit umgehen, wenn wir das nicht erleben. Ich denke schon, dass ich mit meiner Erfahrung als Mensch mit Sehbehinderung der Gemeinde und den Menschen etwas mitgeben kann. Gott kann durchaus auch das Wunder wirken, dass man mit einer Behinderung leben kann und nicht gegen sie leben muss. Das wäre mir wichtig. Aber es ist eine Herausforderung. Das ist der Begriff, den ich wählen würde.

Und Sie persönlich haben erlebt, dass Sie durchgetragen wurden und von oben Kraft bekommen haben?

Ja, das würde ich durchaus bejahen. Auch indem Gott mir immer wieder Menschen schickt, die mich so mögen, wie ich bin. Dieses Angenommensein ist für mich ein Wunder und es ist ja so, dass Menschen in mir nicht nur das sehen, was ich nicht kann. Sie sehen, was ich noch alles kann und bestärken mich darin. Das hat für mich etwas mit Gottes Fügung, mit Gottes Willen zu tun.

Sie sind verheiratet, Ihre Frau hat vorher gewusst, dass Sie eine Behinderung haben. Wodurch zeichnet sich Ihre Ehe aus?

Wir gehen genauso fair auf Augenhöhe miteinander um, wie andere Paare das hoffentlich auch tun. Die Behinderung spielt keine große Rolle in unserer Ehe. Meine Frau ist manchmal erstaunt, wie viel ich doch noch sehen kann. Es ist immer schwer zu beschreiben, wie gut man eigentlich wirklich sieht. Dann sage ich zum Beispiel: „Oh, guck mal, die Frau da drüben hat ganz blaue Haare." Und dann fragt sie: „Das siehst du jetzt?" Das hängt einfach damit zusammen, dass ich in der Nähe ein bisschen besser sehe als in der Distanz und größere Flächen besser erkennen kann. Um es auf den Punkt zu bringen: Ich sehe die Welt wie einen unscharfen verwackelten Kinofilm. So könnte man es sagen. Damit muss ich klarkommen, das spielt in unserer Ehe aber keine so große Rolle. Meine Frau und ich fahren ab und zu auch im Urlaub Tandem. Da fährt meine Frau dann immer vorne, weil ich einfach nicht gut genug sehe, und das macht auch sehr viel Spaß.

Ich habe auch gelesen, dass Sie begeisterter Schachspieler sind. Sogar Turnierschach. Aber wie ist das, wenn man nicht genauso gut sieht wie der Gegner?

Ich spiele im Blinden-Schach-Club. Es ist vielleicht interessant, das mal zu erklären. Wir spielen das sogenannte Zwei-Brett-Spiel, man spielt also auf zwei Brettern. Die Bretter haben Löcher, die schwarzen Felder sind erhaben, die weißen Felder sind vertieft. Die Figuren haben Stifte und die schwarzen Figuren haben einen Nagel im Kopf. Und dann spielt man mit blinden und sehbehinderten Menschen und sagt die Züge an. Das habe ich so schon als Kind gelernt. Im Gymnasium war ich im Schachclub und habe dann immer wieder auch Kreisklasse, Bezirksklasse – so wie es das im Fußball auch gibt – gespielt. Da Schach ein sehr zeitintensives Hobby ist und der Pfarrberuf ebenfalls sehr zeitintensiv ist, habe ich dann allerdings ein bisschen zurückgesteckt. Deswegen komme ich jetzt wahrscheinlich über die Kreisklasse nicht mehr hinaus, aber es macht trotzdem Spaß und ich versuche, wenigstens einmal im Jahr ein Turnier zu spielen, damit ich nicht ganz aus der Übung komme.

Das ist ja spannend. Sie haben so viel Lebenserfahrung. Hat sich in Ihnen so etwas wie ein Lebensmotto etabliert, was Ihnen immer wieder in den Sinn kommt? Was Ihnen vielleicht auch aufhilft?

Ja, ich würde sagen, solche Sätze wie „Wir schaffen das!" – ich zitiere jetzt mal ganz bewusst – helfen mir eher auf als „Du kannst das nicht". Ich hatte es ja vorhin schon gesagt, es geht um den ressourcenorientierten Blick und nicht um den defizitären Blick. Das ist mir wichtig. Auch der Gedanke, dass ich in meiner Begrenzung immer noch so vieles kann und gerne mache, hilft mir. Ich selbst möchte mich und andere nicht ständig über die Defizite, über das, was man nicht kann oder vermeintlich nicht kann, definieren. Das sind solche Eckpunkte, die sich in meiner Lebenserfahrung herauskristallisieren. Davon kann ich sagen: „Das ist etwas, was mein Leben trägt."

Ich muss sagen, Sie sind für mich ein Aushängeschild der Kirche, weil bei Ihnen authentisch rüberkommt, dass der Glaube helfen und stark machen kann. Und man nicht perfekt sein muss, um im Leben zurechtkommen.

Genau. „Meine Kraft ist in den Schwachen mächtig", das hat Paulus gesagt. Das halte ich für einen ganz wichtigen Satz, und der darf auch für Pfarrer gelten.

Jahrelanges Doppelleben

Peter Stegmann

Peter Stegmann könnte glücklich sein. Er ist verheiratet, hat drei Kinder, hat es beruflich weit gebracht, er ist im Ort gut angesehen, sein Leben läuft gut. Und trotzdem führt er ein Doppelleben – bis es eines Tages rauskommt. Ich freue mich, dass er bereit ist, darüber zu berichten und finde das sehr mutig. Herzlich willkommen, Peter Stegmann.

Als herauskommt, dass Sie ein Doppelleben führen, sind Sie an einem Punkt, an dem Sie stark suizidgefährdet sind und Ihrem Leben ein Ende setzen wollen. Wie kam es dazu?

Meine Situation damals war ausweglos. Ich war als Oberlügner entlarvt. Denn ich habe alle belogen, meine Frau betrogen, meine Verwandtschaft, meine Kinder, schlichtweg alle. Da schämt man sich natürlich fürchterlich und weiß man gar nicht mehr, wie es weitergehen soll. Man sieht überhaupt kein Licht mehr. Das schlechte Gewissen lastet wie eine Zentnerlast auf einem, sodass man zu dem Schluss kommen kann, und da stand ich kurz davor: „Jetzt mach ich Schluss, dann braucht sich auch keiner mehr mit mir rumärgern. Meine Eltern haben eine Sorge weniger, meine Frau hat keine Sorgen mehr mit mir und alle anderen müssen halt mit der Situation klarkommen."

Zentnerschwere Last, Lügner, Betrüger. Da ging es nicht um einen kleinen Seitensprung, sondern dieser Betrug an Ihrer Frau, dieses Doppelleben, dauerte schon ein paar Jahre.

Ja, das ging schon so zwanzig Jahre. Wir waren eigentlich glücklich verheiratet, wir hatten auch eine Tochter, doch dann hat sich bei mir manches verselbstständigt. Da war der Drang in mir: Ich muss noch mal raus in die Welt, muss noch mal was erleben. Vielleicht bin ich auch zu kurz gekommen, weil plötzlich ein Kind da war, aber da kommen wahrscheinlich auch viele Faktoren zusammen. Dieser Trieb nach neuen Erlebnissen, nach Leben, nach der Welt, der hat mich übermannt und ich habe nachgegeben. So bin ich hineingeschlittert in diese Situation, sodass ich dann auch fremdging.

Zwanzig Jahre lang?

Ja, erst einmal, dann zweimal. Wenn man das erste Mal gelogen und betrogen hat, dann fällt es einem danach gar nicht mehr so schwer und man entwickelt ein gewisses Profil und auch eine gewisse Gabe. Das wurde reine Routine. Im Lauf der zwanzig Jahre war das Ganze verbunden mit dreimal ausziehen und zweimal einziehen. Wir haben auch Seminare besucht und haben uns schon Mühe gegeben, die Ehe wieder zu kitten. Aber damals habe ich immer den Standpunkt vertreten, ich bin in Ordnung, ich möchte auch nichts an mir ändern. Meine Begehrlichkeiten, meine Bedürfnisse sind ganz normal. Nur meine Frau tickt da nicht normal.

Ich hatte immer gehofft, dass sie mich versteht und dass sie so tickt, wie ich das möchte. Aber irgendwann war es ihr einfach zu viel, ich habe das Ganze übertrieben, und sie hat gesagt, ich kann jetzt gehen. Da wusste ich, das war das Finale, ich habe keine Chance mehr.

Das hatte sie vorher aber schon öfter gesagt?

Ja, ich war ja schon mal ausgezogen, aber wenn man Kinder hat, sieht man sich ja trotzdem am Wochenende. Es hat mich immer wieder nach Hause gezogen. Zu diesem Zeitpunkt habe ich gesagt, ich kann mit vielen Frauen irgendwas haben, aber ich liebe trotzdem meine Frau und kann mir ein Leben ohne sie nicht vorstellen. Familie und Ehefrau war immer das eine. Das war wie ein behüteter Schatz, aber mit ihr konnte ich auch nicht alleine, ich brauchte noch etwas anderes dazu.

Sie waren nach außen hin der Saubermann und auch mit Ihrer Familie im Gottesdienst und so weiter. Mit der Familie sollte es also immer heile Welt sein?

Ja, ich bin ganz seriös aufgewachsen, meine Mutter hat sich richtig Mühe gegeben mit mir. Ich war im evangelischen Kindergottesdienst, ich war 20-25 Jahre lang im evangelischen Posaunenchor, ich war immer dabei, meine Frau hat die Kinderkirche mitgestaltet, als die Kinder klein waren. Ich ging regelmäßig in den Gottesdienst, aber ich habe vermieden, mit Christen Freundschaften einzugehen, weil ich genau wusste, die haken nach. Was machst du so, was machst du am Freitag, was machst du am Sonntag, wenn du angeblich weg bist zum Skifahren? Das wollte ich natürlich nicht. Aber ich war Mitläufer.

Weihnachten, Ostern, ich habe alles gemacht, war bei vielen Veranstaltungen dabei.

Als ich 17 oder 18 war, hat Gott bei einer Evangelisation zum ersten Mal seine Hand nach mir ausgestreckt. Es waren tausende Jugendliche dabei und ich habe damals schon gespürt, da ist was, da möchte ich gerne hin. Eine andere Stimme hat mir gesagt: „Peter, tu's nicht", ich hatte das Gefühl, wenn ich mich auf Gott einlasse, darf ich alles, was Spaß macht, nicht mehr tun. All das wäre dann tabu. Dann habe ich gesagt: „Nein, ich lass es bleiben", und bin ohnmächtig geworden, solche Mächte waren in mir.

Ein paar Jahre später, da war ich schon verheiratet, war wieder eine Evangelisation in Schwenningen. Ich war als Trompeter dort, und wieder war das Verlangen nach Jesus da, und wieder habe ich einen Kreislaufkollaps bekommen, weil ich innerlich so zerrissen war. Ich habe also immer wieder Berührung damit gehabt und es immer wieder abgelehnt. Ich dachte, ich kann es ja so machen wie mein Vater, wenn ich mal 50 oder 60 bin. Wenn meine Begehrlichkeiten, wie Diskothek oder ähnliches, keine so große Rolle mehr spielen, kann ich mich ja immer noch darauf einlassen.

Wie geht denn Gott mit so jemandem um, der solch ein Doppelleben führt, eine Doppelmoral vertritt und immer wieder seine Hand ausschlägt? Wird dieser Gott dann irgendwann mal zornig? Wie haben Sie Gott erlebt?

Ich habe Gott immer gnädig erlebt. Ich hatte in der Zeit drei schwere Motorradunfälle, weil ich auch wie ein Irrer gefahren bin, das war jedes Mal wie ein

Wunder. Ich bin zwischen den Bäumen durch, über die Äcker gefräst, überschlagen, aber mir selber ist nie was passiert. Und dann habe ich angefangen zu denken, das kann kein Zufall sein, ich glaube, Gott hat noch was mit mir vor. Ich habe ihn als gnädig empfunden und habe nie eine Strafe für mein Tun bekommen.

Trotzdem kam es dann mal zu einer Lebenswende, durch die Sie sich ganz neu ausgerichtet haben.

Ja, das war eigentlich ziemlich verrückt. Wir hatten neue Möbel fürs Wohnzimmer bestellt, es war Montag, und da kamen Couch, Sessel, alles Neue, und gleichzeitig stand ich mit dem Koffer da und durfte ausziehen. Ich verlor mein mit eigenen Händen gebautes Haus. Ich wusste, ich habe die Frau verloren, ich habe die Kinder verloren, die Verwandtschaft wird sich abwenden, die Freunde werden sich trennen. Wer weiß, wer sich noch alles von mir abwendet, ich hatte niemanden mehr. Da ist alles in mir zusammengebrochen.

Ich habe dann meine Mutter angerufen und habe nur gesagt: „Mutti, ich will dir sagen, dich trifft keine Schuld, aber ich muss mit meinem Leben Schluss machen, das hat alles keinen Wert mehr." Sie hat eindringlich mit mir geredet und gesagt: „Peter, auch für dich gibt es noch eine Chance. Sprich mit deinem Bruder, mit Thomas."

Thomas ist vier Jahre jünger als ich und schon viele Jahre Christ gewesen. Er war immer dabei, bei allen Aktionen in der FeG, und ich habe ihn immer belächelt und mir gesagt, der hat ja keine Ahnung. Von Frauen keine Ahnung, von der Welt keine Ahnung, der frömmelt so vor sich hin. Ich habe ihn zwar gemocht, aber ich habe ihn belächelt. Ich war ja der Mann von Welt, ich hatte die große Ahnung. Ich weiß nicht, warum ich es getan habe, vielleicht wollte ich doch noch leben. Jedenfalls habe ich ihn dann angerufen und gesagt: „Du, Thomas, ich bin völlig im Eimer. Ich brauche Hilfe." Und er antwortete: „Komm vorbei." So bin ich Sonntagabend zu ihm, er hat extra so ein Kämmerchen unterm Dachspitz. Er sagte mir: „Sprich alles aus, was dich belastet. Sprich alles aus. Sag mir alles."

Und dann konnte ich ihm wirklich alles sagen, das ging über Stunden. Er hat mir gesagt: „Das wird ein langer Weg. Auf der Erde wirst du die Strafe kriegen. Du wirst viel verlieren, es wird dich viel Geld kosten, die Scheidung, es wird dich vielleicht das Haus kosten. Aber wenn du dich auf Jesus einlässt, dann wirst du wieder etwas gewinnen. Jesus vergibt dir, wenn du dich für ihn entscheidest. Er vergibt dir deine Sünden."

Da wurde mir zum ersten Mal klar, wofür Jesus überhaupt da ist. Ich kannte ihn nur von Kindergeschichten und von Predigten, die mir manchmal rein- und rausgingen, denn ich habe nie richtig zugehört oder ich habe sie nicht richtig verstanden. Mir wurde zum ersten Mal bewusst, dass diese Person, dieser Mensch Jesus für mich gestorben ist. Das richtig zu begreifen, ging dann aber über Wochen und Monate. Es hat gedauert und war kein Neustart vom einen auf den anderen Moment. Aber ich habe gespürt, es gibt gar keinen anderen Weg mehr für mich.

Und dann ging die Sache gut aus? Nein, Sie haben ja tatsächlich viel verloren. Es kam zur Trennung, es kam zur Scheidung. Eigentlich kein Happy End – trotz Jesus. Oder?

Doch, es war wie ein Wunder. Ich habe natürlich auch mit meinen Kindern geredet. Ich musste ihnen sagen, was ich für ein Vater bin. Dass ich viel auf der Flucht war, anstatt mich um sie zu kümmern, dass ich oft versagt habe. Aber sie haben sich nicht von mir abgewandt. Und auch meine Frau, die ja gläubig war, war in der Lage, mir zu vergeben. Einmal natürlich um ihrer selbst willen, damit sie nicht wahnsinnig wird in dieser Situation. Sie hatte natürlich diesen Groll gegen mich und da mischt sich ja viel Wut, Hass, Enttäuschung hinein durch dieses ständige hintergangen werden, belogen werden, das kann wohl nur jemand verstehen, dem das auch schon mal passiert ist.

Viele Frauen beginnen dann im Gegenzug einen finanziellen Vernichtungszug. Das war bei mir nicht der Fall. Sie ging fair mit mir um. Leben und leben lassen. Die Trennung wurde vollzogen, wir haben uns scheiden lassen, aber es war alles gütlich, es gab keinen Streit. Ich habe gespürt, dass von ihrer Seite kein Hass da war. Auch in ihrem Herzen regiert Jesus und leitet ihren Weg, und das ist auch bis heute noch so. Das hat dazu geführt, dass auch die Kinder keinen Groll gegen mich hatten. Alle drei Kinder haben später bei mir in der Firma gearbeitet.

Ich habe dann eine neue Frau kennengelernt, die wusste natürlich, was ich für ein Schlitzohr war, und es war nicht einfach für mich, wieder das Vertrauen anderer Menschen zu gewinnen. Ich war natürlich

Gesprächsstoff in einem kleinen Dorf. Als Unternehmer zeigen sie gleich mit dem Finger auf einen. Doch dann hat für mich eine neue Geschichte begonnen. Auch meine neue Frau, damals meine Freundin, war sehr interessiert am Glauben und wir haben uns damals gemeinsam auf die Suche nach Jesus gemacht. 2006 habe ich mich dann mit ihr in Überlingen am Bodensee taufen lassen. Das war für mich ein einschneidendes Erlebnis. Zu fühlen, ich bin rein, Gott nimmt mich an. Er hat mich nicht verlassen.

Sie leben heute immer noch in dem Ort, in dem die Geschichte damals unrühmlich zu Ende ging. Sie leben dort mit einem neuen Image. Wie können Sie mit erhobenem Haupt beim Bäcker einkaufen gehen, wenn Sie doch auch Blicke spüren, die sie vielleicht immer noch negativ beurteilen.

Nein, es gibt sie nicht mehr. Ich glaube, jeder im Dorf spürt und sieht, wie Peter Stegmann heute ist. Das ist nicht mehr derselbe Mensch wie früher. In meinem Leben hat sich alles komplett verändert. Alles, radikal. Mein Glauben hat sich radikal verändert, im Umgang mit der Frau hat sich alles verändert, im Umgang mit der Familie, einfach alles. Mein Sohn, der mir sehr ähnlich ist, der auch im Moment einen nicht so einfachen Weg geht, sagt manchmal kopfschüttelnd zu mir: „Vati, du bist nicht mehr der Alte. Früher warst du viel strenger. Da hast du Klartext gesprochen." Dann sage ich: „Ja, so ist das. Ich habe ein anderes Herz bekommen. Ich kann nicht mehr so sein wie früher. Das geht gar nicht." Das hat Jesus bewirkt.

Herausforderung Gehörlosigkeit

Salome, Simone und
Heiner Gutwein

Salome Gutwein ist die Tochter von Simone und Heiner Gutwein. Zu ihnen gehören noch vier weitere Kinder und Enkel. Eigentlich eine ganz normale Familie, aber Tochter Salome ist gehörlos und das macht die Familie zu einer ganz besonderen! Denn wie verständigt man sich miteinander?

Salome, wie können Sie mich jetzt verstehen, wenn Sie mich gar nicht hören?

[Salome, in Gebärdensprache; Roland Martin dolmetscht Salome] Ich kann sprechen, aber für mich ist Gebärdensprache einfacher und es ist leichter für die Kommunikation, wenn ich einen Dolmetscher habe. Gebärdensprache ist meine eigene Sprache, sozusagen meine „Muttersprache". Da fühle ich mich zuhause.

Aber wenn ich nicht gebärden kann, können Sie mich trotzdem verstehen? Zum Beispiel von den Lippen ablesen?

[Salome, gebärdet] Ja, ich kann von den Lippen ablesen. Allerdings kommen da meist nur ca. 30 % an. Den Rest muss ich mir dazu reimen. Dadurch kommen oft und leicht Missverständnisse zustande.

Wir danken also Pfarrer Roland Martin sehr herzlich, dass er heute gebärdet und Salome übersetzt. Wie aber war das bei Ihnen in der Familie, als Salome noch zu Hause gewohnt hat? Wie haben sie sich verständigt, Frau Gutwein?

Wir haben zu Hause in der Familie angefangen, in Lautsprache mit ihr zu kommunizieren, denn es war die damalige Regel. Fachleute haben uns erklärt, dass gehörlose Kinder unbedingt die Lautsprache lernen und in die hörende Welt gezwungen werden sollten. Natürlich haben wir aber im Laufe der Zeit auch ein bisschen Gebärdensprache dazu gelernt. Es war natürlich nicht immer einfach, weil durch die Lautsprache oft Missverständnisse entstehen können. Aber Salome wollte ganz bewusst, dass wir in der Familie Lautsprache reden. In der Schule hat sie aber über die Mitschüler die Gebärdensprache aufgeschnappt. Offiziell unterrichtet wurde sie ja damals noch nicht.

Herr Gutwein, mal Hand aufs Herz. Darf ich Sie so etwas fragen? Sie haben als Eltern zuerst zwei gesunde Kinder bekommen, dann die Salome. Und Sie haben festgestellt, da stimmt irgendetwas nicht. Wie war das für Ihren Vaterstolz, gab es da einen kleinen Knacks?

Der Stolz war überhaupt nicht das Problem, aber es war nicht einfach. Am Anfang konnten wir natürlich mit der ganzen Diagnose und Prognose nicht so viel anfangen, wir hatten keinen Kontakt mit gehörlosen Menschen. Am Anfang war es deshalb schon ein kleiner Schock. Da kommen natürlich alle möglichen Fragen, bis hin zu Glaubenszweifel, auf: „Wie wird es wohl später mal werden mit der Tochter?"

Salome, als Sie mitbekommen haben, dass Sie anders sind als andere, haben Sie mit Ihrem Schicksal manchmal gehadert? Waren Sie unzufrieden? Oder waren Sie immer so eine glückliche zufriedene Person wie heute?

[Roland Martin dolmetscht Salome] Sie hat ihre Gehörlosigkeit schon immer positiv angenommen, aber manchmal, wenn sie dann an Grenzen in der Kommunikation gestoßen ist, war es mühsam. Aber insgesamt ist sie zufrieden und hat die Gehörlosigkeit als ein Teil ihrer Persönlichkeit angenommen und positiv akzeptiert.

In der Zwischenzeit hat Salome eine eigene Familie und sogar ein kleines Baby. Benjamin, der Mann, der dazu gehört, ist selbst auch gehörlos, er kann darüber hinaus auch nicht sprechen. Die Kommunikation, auch mit dem Sohn Jonah, läuft ausschließlich über Gebärden. Das ist doch für eine Familie eine große Herausforderung, oder?

[Roland Martin dolmetscht Salome] Für sie ist es keine große Herausforderung. Zu Hause können sie Gebärdensprache benutzen und da ist die Kommunikation problemlos. Das Kind ist CODA: „Child of Deaf Adults". Es wächst mit Laut- und Gebärdensprache auf. Zuhause mit Gebärdensprache und außerhalb bei Oma und Opa sowie im Kindergarten mit Lautsprache. Es wächst sozusagen „zweisprachig" auf!

Frage an die Eltern von Salome Gutwein, kann die Gebärdensprache die Stimme der Mama ersetzen? Oder ist es nicht so wichtig, ob ein kleines Baby von klein auf die Mama hören kann?

Simone Gutwein: Ich denke schon, dass das unheimlich wichtig ist, und es ist auch ein wichtiger Punkt in der Erziehung, dass das Kind die Stimme der Mutter hört. Aber es spürt ja auch die Wärme und die Nähe. Denn das war auch für mich eine ganz große Problematik, als ich erfahren habe, dass Salome gehörlos ist. Da war sie circa ein Jahr alt und dann festzustellen, dass sie nie unsere Stimmen hören konnte und auch nie die Lieder gehört hat, die wir mit ihr gesungen haben oder die lustigen Geschwisterstimmen, die Quatsch gemacht haben, das hat mich am Anfang schon sehr traurig gemacht. Ich habe dann erst gemerkt, was das Gehör für mich bedeutet. Dass ich zum Beispiel gerne Musik höre oder Vogelgezwitscher oder das Summern der Bienen im Sommer. Oder auch so ganz praktische Sachen, wie telefonieren zu können oder sich im Straßenverkehr zurechtzufinden. Es war für mich ein ganz großer wunder Punkt zu wissen, das wird sie nie so haben können wie wir.

Ihr macht kein Geheimnis daraus, ihr seid eine sehr christliche Familie, habt sehr viel Gottvertrauen. Hadert man da trotzdem manchmal mit diesem Schöpfergott, der alles so geschaffen hat, wie wir es hier vorfinden? Wie war das für Sie als Vater?

Da hat sich in der Zwischenzeit natürlich viel geändert. Unsere persönliche Entwicklung hat verschiedene Phasen durchlaufen. Am Anfang war mehr die

Traurigkeit, die Frustration, dass es uns passieren musste, die Warum-Frage, die wir gestellt haben, bis hin zu Zweifeln an der Existenz Gottes. Aber später kam, als wir gemerkt haben, es wird sich wahrscheinlich nichts ändern, mehr Realismus dazu: „Wir müssen handeln und unsere Verantwortung wahrnehmen."

Dann haben wir eine Grundsatzentscheidung getroffen: Wir wollen nach besten Erkenntnissen Salome fördern und wir wollen, dass sie zu Hause in der Familie aufwächst und sie nicht in ein Internat geben. Denn das stand natürlich auch zur Debatte.

Das hat in Folge unser ganzes Familienleben durcheinander gewirbelt, bis hin zum Umzug in ein neues Umfeld. Damals haben wir in Mosbach gewohnt. Wir haben uns daraufhin umgeschaut, wo und wie wir Salome am besten fördern können und sind dann u. a. auf das Hör- und Sprachzentrum Wilhelmsdorf gestoßen, haben uns aber auch noch andere Einrichtungen angeschaut. Schließlich sind wir dann hierher nach Wilhelmsdorf gezogen, ohne jemanden zu kennen. Wir haben hier ganz neu angefangen: beruflich ein neuer Anfang, Freundeskreis neu angefangen, Gemeinde neu angefangen. Es war wirklich ein Umbruch in unserem Leben, den man sich so gar nicht vorstellen kann.

Eine ganz starke Aussage im Alten Testament ist folgender Bibelvers aus dem Buch Mose: „Ich Gott, der Herr, habe die Blinden, die Lahmen, die Tauben geschaffen. Ich war es, der Herr." Salome, wie geht es Ihnen mit so einer Aussage in der Bibel? Können Sie das unterschreiben oder hinterfragen Sie Gott, klagen ihn auch ab und zu an?

[Roland Martin dolmetscht Salome] Gott hat seinen Plan für jeden Menschen. Und er hat Behinderung zugelassen, das ist nicht schlimm. Sie kann gut damit leben und in diesem Rahmen sehr glücklich sein.

Wie ist es für die Mutter? Können Sie mit so einem steilen theologischen Satz etwas anfangen? „Ich Gott, der Herr, habe die Tauben geschaffen."

Simone Gutwein: Dieser Vers in der Bibel ist mir vorher eigentlich noch nie begegnet, aber der Inhalt und die Aussage, die habe ich auch so schon verinnerlicht. Ich kann sagen, dass uns als Christen Leid, Not und Schwierigkeiten nicht immer erspart bleiben wird, sondern wir müssen auch durch Leid hindurchgehen. Irgendwo hat Gott auch einen Plan mit diesem Leiden oder mit schwierigen Situationen und bringt uns da durch, indem er uns hilft. Wir hatten zum Beispiel auch sehr, sehr viel Gebetsunterstützung in der Zeit, als es akut war mit Salome.

Unser Blickwinkel hat sich ein Stück weit geändert, wir sehen, dass wir mit der Andersartigkeit von Menschen im Laufe der Zeit ganz anders umgehen können. Wir werden selber geduldiger, wir lassen uns mehr Zeit, weil Kommunikation manchmal einfach schwieriger ist, und in unserer schnelllebigen Zeit kann es dann nicht immer so schnell gehen. Wir spüren einfach auch, dass Gott seine Absichten damit hat. Vielleicht möchte er uns mit diesem Leid verändern und ertüchtigen, im Leben besser mit Schwierigkeiten klarzukommen. All das hat seinen Sinn, denn es gibt ja auch den Vers in der Bibel in Römer 8,28: „Denen, die Gott lieben, müssen alle Dinge zum Besten dienen."

Daran habe ich mich ein Stück weit gehalten und eines Tages, wenn ich mal bei Gott sein werde, werde ich ihn sicher fragen: „Was hast du mit dieser Situation vorgehabt?"

Das war ja schon fast eine Predigt. Ganz herzlichen Dank für die Ermutigung. Salome, an Sie die letzte Frage. Wenn ein Mensch mit seiner Beeinträchtigung oder mit seiner Behinderung unzufrieden ist, was für eine Botschaft hätten Sie für diesen Menschen? Aus Ihrer Erfahrung oder persönlichen Glaubensüberzeugung?

[Roland Martin dolmetscht Salome] Wenn Leute sagen: „Ich bin wertlos", dann ist das eine Lüge. Das ist nicht wahr. Jeder Mensch ist besonders. Eine Persönlichkeit, die einzigartig ist – mit Stärken und Schwächen. Dazu muss jeder sein „Ja" finden. Ich muss mein Negativbild in ein Positives verändern. Dazu will Gott uns helfen. Gott hat einen besonderen Plan mit jedem Menschen und den nehme ich an. Ich brauche Geduld und so geht es weiter. Das wünsche ich allen.

Leben mit Multiple Sklerose

Sigrid und Volker Teich

Sie sind kein gewöhnliches Ehepaar: Sigrid und Volker Teich. Volker Teich war jahrelang als Pfarrer, Dekan und leitendes kirchensynodales Mitglied tätig. Aber ohne seine starke Frau Sigrid, Theologin und Germanistin, die ihn im Hintergrund unterstützte, wäre das wohl nicht möglich gewesen. Sie sind seit vielen Jahren verheiratet, haben Kinder und mussten in den letzten Jahren auch sehr Schweres gemeinsam durchzustehen.

Frau Teich, ich hatte Sie gefragt, ob Sie lieber auf einem Stuhl oder im Rollstuhl sitzen möchten, und Sie haben gesagt, Sie bekennen sich zum Rollstuhl. Ist das nicht ein komisches Gefühl für Sie?

Nein, das ist sehr gut. Der Rollstuhl ist jetzt mein Hilfsmittel. Ich habe mich endlich entschlossen, einen Rollstuhl zu benutzen, und fühle ich mich sehr wohl darin. Theoretisch kann ich ja aussteigen, weil ich immer noch ein paar Schritte gehen kann. Da ich diese Möglichkeit habe, sitze ich auch gerne darin, das ist bequemer.

Herr Teich, wie fühlen Sie sich dabei? Die eigene Frau, damals kerngesund geheiratet und jetzt im Rollstuhl sitzend?

Ich würde sagen, das ist unser Leben, so ist es verlaufen. Wie meine Frau schon sagte, erleben wir den Rollstuhl gerade als ganz große Befreiung. Wir können wieder etwas miteinander tun. Als wir ihn noch nicht hatten, war der Radius, den wir gehen konnten, etwa fünfhundert Meter. Jetzt können wir kilometerweit miteinander laufen, können mit dem Rolli in die Stadt Stuttgart fahren oder können in Tübingen shoppen gehen. Das alles geht jetzt wieder.

Fällt es einem Mann trotzdem schwer, eine kranke Frau so zu bejahen und zu akzeptieren?

(Volker Teich zu seiner Frau): Bist du krank? Auch nicht kränker als andere. *(lacht)* Natürlich hat sie eine Krankheit. Das ist ganz klar und das kann man nicht wegdiskutieren. Aber das kam schleichend und jetzt gehört es zu unserem Leben. Wir haben trotzdem unendlich viele Möglichkeiten miteinander.

Jetzt haben wir viel über Ihre Krankheit gesprochen, wissen aber noch gar nicht, warum Sie im Rollstuhl sitzen.

Bei mir wurde schon vor über zwanzig Jahren festgestellt, dass ich eine MS-Erkrankung (Multiple Sklerose) habe. Die ist sehr zögerlich verlaufen, ich hatte keine großen Schübe, und entwickelt sich jetzt progredient, sodass es immer ein bisschen schlechter wird.

Haben Sie sich damit angefreundet, oder …?

Nein, anfreunden kann man sich nicht mit einer Krankheit.

Was ist die Krankheit für Sie? Ein lästiger Begleiter?

Ja, das ist genau der richtige Ausdruck, sie ist ein lästiger Begleiter. Sie gehört zu meinem Leben, oft ist sie lästig, aber oft ist sie einfach nur da, ohne dass ich sie wirklich wahrnehme.

Welchen Stellenwert hat die Krankheit für Sie? Bestimmt die Krankheit über Sie?

Nein, sie hat einen ganz niedrigen Stellenwert und darf mich nicht bestimmen. Vielmehr bestimme ich über sie. Und über dem Ganzen steht Gott.

Gott ist also immer noch da, auch wenn er Sie so hängen ließ?

Ja, gerade jetzt. Ohne ihn könnte ich die Krankheit nicht bejahen und könnte nicht damit leben.

Wieso kann man ohne Gott eine Krankheit nicht bejahen?

Weil man dann rebellieren muss. Man lehnt sich dagegen auf, denke ich. Aber ich weiß es nicht, ich kann es mir nicht anders vorstellen. Für mich hat Gott die Krankheit zugelassen, und dann geht er auch mit.

So etwas von einem Menschen zu hören, der das durchmacht ...

Das ist ein Prozess und war nicht von Anfang an so. Ich lebe, wie gesagt, schon über zwanzig Jahre damit und konnte mich damit auseinandersetzen.

Am Anfang haben Sie rebelliert?

Rebelliert nicht wirklich. Die MS ist am Anfang keine so deutliche Krankheit. Es ist ja keine Krankheit, die zum Tode führt. Sie ist da, sie schränkt einen ein, aber man muss nicht damit rechnen, übermorgen nicht mehr zu leben. Daher ist die Krankheit nicht so bestimmend. Gerade am Anfang kann man noch sehr vieles und merkt die Einschränkungen kaum.

Sie haben als Familie also schon sehr viel durchgemacht. Aber jetzt haben Sie noch mehr aufgeladen bekommen. Ich glaube, Sie sind in Ihrer Ehe nun die Gesündere und Ihr Mann der Schwächere. Herr Teich, Sie haben kurz vor Weihnachten eine Diagnose bekommen.

Ja, einen Tumor hinter dem rechten Auge. Man sieht es jetzt nicht mehr, aber vorher sprachen mich manche Kollegen darauf an, was denn mit meinem Auge sei. Und ich habe auch Metastasen an der Leber. Beides kann man nicht operieren.

Was haben Sie als Frau gedacht, als Sie das gehört haben?

Ich habe nicht so viel darüber nachgedacht, sondern das war mehr emotional. Dass mein Mann jetzt so krank ist, hat mich schon sehr hart getroffen. Das ist härter als die eigene Krankheit, finde ich.

Angst vor Verlust? Oder was war so hart an der Diagnose?

Dass es jetzt eben beide betrifft. Vorher war ja immer noch einer stark und jetzt musste ich praktisch erstmal die Stärkere sein.

Volker Teich: Wobei sie mir wirklich half. Wir saßen zusammen und sie sagte zu mir: „Du, jetzt überlege dir, wie du mit dieser Krankheit umgehst. Beherrscht sie dich, also regiert sie dich, oder regierst du über diese Krankheit? Welche Gewichtung hat sie?" Damit hat sie mir sehr geholfen.

Ja, ich hatte mir den Ruhestand so vorgestellt, dass ich nach meiner Frau schaue. Wir haben uns vor langer, langer Zeit eine kleine Gartenbank angeschafft. Da sagte meine Frau zu mir: „Jetzt wird der Ruhestand eben so sein, dass wir miteinander auf der Bank sitzen." Es hat unserer Ehe unheimlich gut getan, dass jetzt nicht mehr einer über dem anderen ist, sondern dass wir uns auf Augenhöhe anschauen.

Sie haben sich ja vor vielen, vielen Jahren ein Treueversprechen gegeben: „Willst du deiner Frau treu bleiben? In guten wie in schlechten Zeiten, in Krankheit wie in Gesundheit, bis dass der Tod euch scheidet?" Hat dieses Eheversprechen jetzt noch einmal eine andere Bedeutung bekommen? Ich stelle mir das unwahrscheinlich schwer vor, dem anderen so treu an der Seite zu stehen, wenn er so krank wird.

Sigrid Teich: Mir ist beim Eheversprechen etwas anderes wichtig geworden: Der Zusatz „… dass eins das andere mit in den Himmel bringe." Dieser letzte Satz im Fürbittegebet der Trauung ist in unserer württembergischen Trauagende eine wunderschöne Formulierung. Und den können wir immer noch durchhalten. Ich sehe das nun als unsere Aufgabe.

Obwohl Sie sich den Ruhestand anders vorgestellt haben.

Sicher, ganz bestimmt.

Wie ist es, wenn man von so vielen Plänen Abschied nehmen muss? Oder machen sie sich trotzdem noch Pläne und Hoffnungen?

Pläne machen wir uns immer und Hoffnung haben wir. Ich denke, deshalb sind wir jeden Tag fröhlich in unserem Ruhestand. Wir freuen uns, dass wir da sind, dass wir einander haben und machen Pläne. Ich vielleicht manchmal zu viele …

Sie erzählen so frei, so herzerfrischend, so ermutigend. Haben Sie „dieses" sich gegenseitig in den Himmel bringen irgendwie ritualisiert in Ihrer Familie? Haben Sie bestimmte Methoden, wie Sie sich so stark machen? Woher Sie die Kraft bekommen?

Sigrid Teich: Man hat nicht immer Kraft, das wirkt jetzt vielleicht so. Ich habe einen Lieblingspsalm, den Psalm 108: „Mit meinem Gott kann ich über Mauern springen." Das klingt jetzt vielleicht blöd, wenn man im Rollstuhl sitzt, aber davon bin ich überzeugt. Ja, und so erleben wir das auch. Unser Gott hilft uns jeden Tag weiter und gibt uns immer wieder Kraft. Manchmal mehr, manchmal weniger.

Ich muss trotzdem nochmal nachhaken: Wie machen Sie das konkret, sich gegenseitig mit in den Himmel zu bringen?

Ich glaube, ganz schlicht, indem man als Christen miteinander lebt, die Bibel liest, in den Gottesdienst geht.

Das ist also das ganz einfache Geheimnis hinter dem großen Geheimnis. Es war für mich sehr bewegend, mit Ihnen zu sprechen. Sie sind Ermutiger. Vielen Dank.

Was würden Sie denn heute an Menschen weitergeben, die sich in einer ähnlichen Situation wie Sie befinden? Was kann man solchen Menschen, die nicht so eine fröhliche Hoffnung und Haltung haben, mit auf den Weg geben?

Volker Teich: Nicht so sehr um sich selbst kreisen. Sondern immer wieder auf Gott schauen, auf das, was er einem jeden Tag neu schenkt. Ich kann jeden Tag nur staunen, was wieder so an Geschenken da ist. Ein neuer Tag mit neuen Chancen. Uns geht es ja unwahrscheinlich gut in unserem Land. Wir haben genügend zu essen, wir haben wirklich ein herrliches Leben.

Sigrid Teich: Ich würde noch mit auf den Weg geben: man darf klagen. Das ist vielleicht in diesem Gespräch ein bisschen zu kurz gekommen. Man darf wirklich klagen, in der Krankheit, in bedrängenden Situationen. Aber man darf nicht bei der Klage hängen bleiben. Ich gebe die Klage dann bei Gott ab. Dort ist sie gut aufgehoben. Dann wird man auch wieder fröhlich.

Kann man einfach einen Schalter umlegen, wenn man richtig im Klagen drin ist? Im Zweifeln?

Nein, man muss sich schon dazu zwingen. Das ist eine Willensanstrengung. Ich gebe das jetzt bewusst bei Gott ab. In den Klagepsalmen findet man das auch: bittere, harte Klage, so wie wir es uns fast nicht trauen. Und dann kommt dieser Wendepunkt: „... dennoch bleibe ist stets bei dir." Gott, ich klage dir mein Leid, aber ich bleibe bei dir und ich hänge mich jetzt an dich und du bringst mich da heraus. Es gibt kaum einen Psalm, der nicht mit einem Dankvers endet.

Ein Herz für gehörlose Alkoholiker

Walter und
Gerlinde Großmann

Er ist Diakon und Gehörlosen-Seelsorger, sie war lange Jahre hauptberuflich beim Blauen Kreuz tätig. Zusammen leiten sie Begegnungsgruppen für Gehörlose und Hörgeschädigte mit Alkoholproblemen. Ein sehr interessantes Ehepaar: Walter und Gerlinde Großmann.

Herr Großmann, Sie sind seit Geburt hörgeschädigt. Haben Sie das an vielen Stellen als Defizit, als Mangel erlebt?

Es war immer schwer, schwerhörig zu sein. Schwerhörige neigen oft dazu, das nicht zu akzeptieren und sich in der großen Menge zu bewegen und so zu tun, als ob sie alles verstanden hätten. Ich habe manchmal darunter gelitten, dass ich nicht alles verstanden habe. In der Schule merkte ich bald, dass ich ganz vorne sitzen und immer auf das Gesicht, das Mundbild des Lehrers achten muss. So habe ich versucht, mich durchs Leben zu schlängeln.

Ich habe erst relativ spät Hörgeräte bekommen, obwohl die Diagnose, dass ich schwerhörig bin, schon im Kindesalter da war. Als die ersten Hörgeräte angepasst waren, war das natürlich eine große Erleichterung für mich. Aber nicht der große Durchbruch, denn eine Hörschädigung bleibt und Hörgeräte sind eine Unterstützung, eine Hilfe, aber können nie das ganz normale Gehör imitieren oder ausgleichen.

Fühlen Sie sich auch heute noch manchmal benachteiligt? Oder haben Sie damit Frieden geschlossen?

Ich denke, ich habe die Schwerhörigkeit angenommen. Und wenn ich mich nicht mehr dagegen wehre, geht es mir gut. Natürlich ist es manchmal schwer, wenn man wieder Musik hört, die man vor 30 Jahren schon gehört hat, solche Oldies, und denkt, damals war doch irgendwie noch mehr. Manche Teile fehlen mir eben. Aber ich denke, ich komme gut durchs Leben. Wenn ich etwas nicht verstehe, dann kann ich nachfragen. Und ist es immer gut, wenn man gleich von vornherein sagt: „Ich bin schwerhörig." Sonst denken die Leute, der schaut immer so komisch, hat der nicht verstanden? Was will der von mir?

Wenn man Ihnen beim Reden zuschaut, sieht man, dass sie viel mit den Händen machen. Das heißt, Sie können richtig gebärden? Auch in Deutscher Gebärdensprache?

Ich kann die Deutsche Gebärdensprache (DGS) nicht perfekt. Als ich damals zur Gehörlosenseelsorge kam, waren die Lautsprachbegleitenden Gebärden im Vordergrund und heute mache ich manchmal so einen Mischmasch. Bei den Gottesdiensten oder bei Gruppen haben wir oft Leute, die noch ein Restgehör haben oder schwerhörig sind. Die geben manchmal die Rückmeldung, dass sie mit der reinen DGS nicht alles verstanden haben. Deshalb denke ich, man kann sich einfach auf die Zuhörer oder Zuschauer einstellen.

Frau Großmann, Sie haben einen Mann geheiratet, der Hörprobleme hat. Sah so Ihr Traummann aus?

Das war mir damals noch nicht ganz so klar. Als wir uns kennenlernten, war es auch noch nicht so schlimm. Da trug er auch keine Hörgeräte. Ich bin da reingewachsen und musste mich damit abfinden, dass es so ist. Es ist manchmal etwas mühsam, wenn man alles dreimal sagen muss. Und ich weiß, wenn er mir den Rücken zudreht, dann kann ich sagen, was ich will, er versteht mich nicht. Ich muss ihn beim Sprechen anschauen, und solche Dinge habe ich im Laufe der Zeit dazugelernt.

Ich stelle mir das für eine Ehe sehr schwierig vor, wenn man nicht richtig kommunizieren kann. Was hat Ihre Ehe gerettet? Sie sind ja nun schon viele Jahre verheiratet.

Wir können ja schon miteinander kommunizieren. Mein Mann kann auch sehr gut von den Lippen ablesen und er hat ja ein Hörgerät und seit ein paar Jahren auch das Cochlear Implantat (CI). Das ist natürlich eine große Hilfe und ich habe auch Gebärden gelernt. Im Notfall können wir uns dann manchmal auch in Gebärden unterhalten.

Das wünschen sich die Frauen doch, dass ihnen ihre Männer von den Lippen ablesen. Das ist ja perfekt bei Ihnen! Sie kommen aus der Arbeit beim Blauen Kreuz und haben dort vor allem Kinder- und Jugendarbeit gemacht.

Ja, auch. Damals in Stuttgart war ich hauptsächlich für Kinder- und Jugendarbeit angestellt.

Muss man sich das so vorstellen, dass das Kinder aus Familien waren, in denen es Alkoholprobleme gab?

Ja, das war überwiegend so. Im Blauen Kreuz kann man ja auch mitmachen und Mitglied werden, wenn man gar nicht selbst von der Suchtkrankheit betroffen ist, so wie mein Mann und ich auch. Ich komme aus einer Blaukreuz-Familie, in der alle im Blauen Kreuz mitgemacht haben und selbst aber gar keine Suchtprobleme haben. Einfach aus christlicher Verantwortung heraus. So wie das Blaue Kreuz vor 130 Jahren begonnen hat. Damals haben sich Christen zusammengeschlossen und gesagt, wie müssen etwas gegen Suchtkrankheit tun, und haben dann selbst auch abstinent gelebt. Sozusagen solidarische Abstinenz. Das machen wir auch.

Das heißt, Sie, Herr Großmann, haben keine Probleme mit dem Alkohol und leben seit Ihrer Ehe freiwillig abstinent. Sie, Frau Großmann, mussten das vermutlich, weil Sie im Blauen Kreuz gearbeitet haben. Ein Leben ohne Alkohol.

Das Kennenlernen der Arbeit des Blauen Kreuzes und das Kennenlernen verschiedener Personen, die alle ihre Suchtgeschichte mitgebracht haben, waren für mich hochinteressant und spannend. Ich wollte dann auch nicht derjenige sein, der sagt: „Ok, das ist eure Sache, das sind eure Probleme. Ihr könnt, ihr wollt, ihr dürft nichts trinken, aber ich habe die Freiheit." Es war für mich ganz klar, wenn ich mit diesen Leuten zusammen bin, und wenn ich von ihnen viel erfahre und ihnen selbst auch einiges geben kann, dann werde ich auch auf Alkohol verzichten. Wer

Mitglied im Blauen Kreuz ist, hat sich selbst dafür entschieden, ohne Alkohol zu leben. Mir fehlt überhaupt nichts. Auch die anderen Leute sagen, ohne Alkohol könne man bewusster leben. Ich kann Dinge ganz anders wahrnehmen, die vorher so vernebelt einfach an mir vorbeigegangen sind.

Jetzt kommt mir das wie ein schönes Puzzle vor. Sie haben Ihren Hauptberuf beim Blauen Kreuz eingebracht, Frau Großmann, und Sie, Herr Großmann, haben Ihre Arbeit als Gehörlosen-Seelsorger eingebracht. Zusammen leiten Sie Begegnungsgruppen für Menschen, die hörbehindert sind und ein Alkoholproblem haben. Wie kam es zu dieser Idee?

Also meistens sind das nicht eigene Ideen, sondern Anfragen, die kommen. Vor 22 Jahren sind drei Gehörlose fast gleichzeitig aus der Therapie entlassen worden. Und die haben in der Therapie gelernt, dass es wichtig ist, zusammenzukommen und sich auszutauschen. Die Probleme, die auch nach der Therapie noch bestehen, nicht unter den Teppich zu kehren, sondern auszusprechen. Mit ihnen haben wir dann angefangen, ziemlich blauäugig. Wir haben sehr bald gemerkt, dass wir nicht so arbeiten können wie mit Hörenden. Gehörlose, Hörgeschädigte brauchen mehr Zeit, brauchen viel mehr Informationen. Wir müssen Fachbegriffe erklären. Uns ist klar, was „Abstinenz" ist, Hörgeschädigte konnten damit nichts anfangen. Wichtig ist, dass wir zusammenkommen können, dass wir uns austauschen können, und dass dies in einem geschützten Rahmen geschieht.

Sie sind Seelsorger und Diakon. Und Sie, Frau Großmann, haben eine Bibelschulausbildung gemacht. Spielt denn in diesen Gruppen auch der christliche Glaube eine Rolle?

Wir versuchen immer wieder, Impulse zu geben. Auch bei unseren Freizeiten, die wir einmal im Jahr durchführen, haben wir gemeinsame Andachten oder Bibelarbeiten. Natürlich mit Gebärden und zugeschnitten auf Gehörlose. Es ist uns sehr wichtig, dass das auch zum Tragen kommt und wir den Leuten unseren Glauben an Jesus Christus vermitteln. Denn wir sind der Meinung, dass auch die Beziehung zu Jesus durch die Sucht gestört ist. Nicht nur die Beziehung zu mir selbst und zum anderen, sondern auch auf dieser Ebene. Wir wollen einfach Impulse geben, dass diese Beziehung wieder in Ordnung kommen kann. Wir sind der Meinung, dass das dem Leben dann auch Sinn und Ziel geben kann.

Vielen Dank. Jetzt geht es auf einen neuen Lebensabschnitt zu. Der Ruhestand steht irgendwann ins Haus. Was werden Sie sich dafür vornehmen?

Ich sage immer, ich freue mich, dass ich mehr Zeit für mich habe. Es wird ein gewisser Druck, eine gewisse Pflicht wegfallen. Aber wir beide sind uns einig, dass wir diese Gruppen ehrenamtlich weitermachen werden, die beiden Gruppen für Hörgeschädigte und zusätzlich noch die Blaukreuz-Gruppe für Hörende. Ich nehme mir vor, auch mehr nach mir zu schauen. Auch auf mein Äußeres. Ich war früher einmal sehr sportlich, jetzt zeige ich es nicht mehr so. Aber dann habe ich die Möglichkeit, das wieder zu tun. Das sind einige Dinge, auf die ich mich einfach freue.

Zurück ins Leben gefunden

Wolfgang Heimrath

Wolfgang Heimrath arbeitet bei den Zieglerschen in der Behindertenhilfe. Aber das war nicht immer so. Er hat als Ein-Euro-Jobber bei uns angefangen. Was es damit auf sich hat und wie er zu einem sinnerfüllten Leben gefunden hat, erzählt er im folgenden Gespräch.

Ein-Euro-Jobber. Ich stelle mir vor, dass dem etwas vorausgegangen sein muss. Ein Job, den man auf irgendeine Art verloren hat, dann stand man auf der Straße und hat doch noch eine Chance bekommen. Was war das bei Ihnen, was ging dem voraus?

Die Arbeitslosigkeit. Viereinhalb Jahre Arbeitslosigkeit, viereinhalb Jahre voller Versuche, Arbeit zu finden. Diese Versuche gingen bis zum Schwarzwald hinauf, da habe ich 14 Tage bei meiner Tochter gewohnt und dort nach Arbeit gesucht. Das Frustrierende war immer, dass keine wirkliche Begründung da war, warum ich nicht genommen wurde. Die einzige Begründung lautete immer: „Sie sind zu alt." Das war so frustrierend, weil es nicht wegen meiner Fähigkeiten oder Nicht-Fähigkeiten war.

Das heißt, Sie kamen aus einer Arbeit heraus, die Sie mit viel Fleiß, mit viel Freude gemacht haben? Und dann stürzt man so einfach ins Nichts.

Ja, ich war im vorher Gerüstbau und wurde dann arbeitslos, weil die Firma dicht gemacht hat. Es waren keine Aufträge mehr da. Dann stand ich da. Schulden am Hals, eine Frau zu Hause, die ja auch leben will, Miete zahlen, Strom zahlen, und das Geld wurde rapide weniger.

Und das Ganze nicht mal für ein, zwei Monate, sondern für viereinhalb Jahre, sagten Sie.

Ja, viereinhalb Jahre bei fast 800 Bewerbungen …

800 Bewerbungen! Da vergeht einem doch die Lust und irgendwann verliert man auch die Hoffnung und will aufgeben.

Ja, denn man ist auch so frustriert und zornig, weil man einfach keine Begründung dafür sieht. Über 50 Jahre alt zu sein ist in meinen Augen keine Begründung, warum ich nicht arbeiten kann. Ich habe vier Jahre im Gerüstbau gearbeitet und das ist ein harter Job. Oft 16 Stunden am Tag im Sommer. Und auf einmal heißt es: „Sie sind zu alt. Sie können nicht mehr arbeiten."

Was macht das mit einem, wenn man solche Botschaften aushalten muss?

Man wird wütend und irgendwann verliert man auch die Lust. Man sagt sich: „Was soll's. Bleibst du halt zu Hause und hockst da. Dann lebst du eben auf

Sozialkosten." Es kommt wirklich der Zeitpunkt, an dem man sagt, man will nicht mehr. Warum soll man da hingehen und sich wieder anhören, man sei zu alt?

Was hat Sie am Leben gehalten? Was hat Sie daran gehindert, alles aufzugeben?

Es war eine Familie aus der Nachbarschaft, die plötzlich bei mir vor der Türe stand. Die brachten uns Brot, Butter, Kaffee und alle möglichen Lebensmittel, weil sie irgendwie erfahren hatten, dass wir am Minimum sind. Die kamen einfach vorbei, brachten die Lebensmittel und gingen wieder. Ich dachte, das darf nicht wahr sein. Fremde Leute, die wir nie vorher gesehen hatten, stehen auf einmal da und bringen uns etwas. Ich dachte dann, wenn das so ist, kommt vielleicht doch noch mal die Möglichkeit, dass man Arbeit bekommt, dass man wieder etwas tun kann.

Das heißt, Sie haben die Hoffnung nicht ganz aufgegeben. Sie haben dann die Chance bekommen, als Ein-Euro-Jobber in der Diakonie zu arbeiten. Was muss man sich darunter vorstellen?

Ja, das wusste ich bis dahin auch noch nicht. Es kam eine Person vom Amt, die sagte: „Wir können Ihnen anbieten, dass Sie für einen Euro in der Stunde ein Jahr lang arbeiten können. Dass Sie mal wieder etwas tun können." Ich habe gesagt: „Klar, ich muss raus. Es muss was passieren." Und so habe ich den Ein-Euro-Job angenommen. Ich wusste nicht, was kommt, wusste nicht, was ich dort machen kann, aber ich wollte die Chance annehmen und etwas daraus machen.

Sie sind dann bei den Zieglerschen in der Behindertenhilfe gelandet, das heißt, Sie haben mit geistig und körperlich behinderten Menschen zu tun gehabt. Waren Sie zunächst einmal geschockt von dem, was kam?

Nein, ich habe keine Berührungsängste mit Menschen, auch nicht mit behinderten Menschen. Das war es nicht. Ich wusste nur nicht, was ich dort tun kann. Ich war misstrauisch, ob ich überhaupt noch etwas tun kann. Geht da überhaupt irgendwas? Ich wurde dann von den damaligen Werkstattmitarbeitern Hans Siedler und Hans Ruf eines Besseren belehrt.

Sie haben wieder Selbstbewusstsein erlangt, auch Ihre Würde zurückerobert.

Ja, auch. Von den Behinderten kommt viel Dankbarkeit zurück, wenn man etwas gibt. Ich konnte ihnen die Möglichkeit geben, selbst etwas zu tun, selbstständig zu arbeiten. Durch Vorrichtungsbau und anderes, was ich vorher nicht kannte. Das habe ich mir dann selbst im Laufe der Zeit angeeignet.

Ihre Zeit als Ein-Euro-Jobber ist in der Zwischenzeit vorbei. Sie sind bei den Zieglerschen geblieben und sind weiterhin mit geistig Behinderten zusammen. Was bedeutet das für Sie, dass Sie nun wieder in Brot und Arbeit stehen?

Ich bin wieder selbstbewusst geworden, ich kann wieder leben, ich kann offen über die Straße gehen, ohne zu denken, dass man mir ansieht, Sozialempfänger zu sein. Ich kann wieder frei durch die Welt laufen und ich freue mich, dass ich mit Menschen arbeiten kann, für die es sich lohnt, etwas zu tun. Es macht sehr, sehr viel Freude mit unseren Senioren zu arbeiten. Für sie etwas zu tun, macht mich ein ganzes Stück auch glücklich.

Dass Ihr Leben aus so einer Krisensituation herausgekommen ist und Sie wieder Boden unter den Füßen haben – wem oder was schreiben Sie das zu? Dem Zufall? Glück?

Als ich wirklich unten am Boden war, als ich nur noch gedacht habe, „was soll ich tun, es geht nix mehr", da habe ich auch zum Glauben zurückgefunden. Gerade durch die Nachbarn, die einfach gekommen sind und geholfen haben. Ohne Wenn und Aber. Das hat mich auch ein stückweit zum Glauben zurückgeführt. Zu Gott und zu Jesus Christus.

Offizier und Manager

Dr. h. c. Frank-Jürgen Weise

Sie kennen ihn als Vorstandsvorsitzenden der Bundesagentur für Arbeit und ehemaligen Leiter des Bundesamtes für Migration und Flüchtlinge. Er ist Offizier, er ist Manager und er ist engagierter Christ. Heute ist er Vorsitzender der Gemeinnützigen Hertie Stiftung in Frankfurt und ehrenamtlicher Präsident der Johanniter Unfall Hilfe e. V., Berlin.

Herr Weise, Offizier und Manager. Wie passt sowas zusammen?

Als Offizier habe ich Führung gelernt, auch Haltung und Einstellung bei der Bundeswehr, und ich konnte sicher Elemente davon auch in berufliche Verantwortung mit übertragen. Ich denke, das passt.

Da steckt ja auch eine gewisse Macht dahinter. Viele Menschen, denen man was zu sagen hat. Sind Sie so ein Machtmensch?

Ich denke Nein. Ich habe meine beruflichen Themen immer gut abgestimmt mit Kolleginnen und Kollegen, ich habe Selbstbewusstsein, dass ich selber fachliches Wissen einbringen kann, ich bin bereit, auch in letzter Instanz die Verantwortung zu übernehmen und, wenn Sie so wollen, natürlich auch mich durchzusetzen. Aber bevor es zur Entscheidung kommt, war es mein Prinzip, gut zuzuhören, interessiert zu sein und das steht dann bei der Summe der Themen schon im Vordergrund. Nicht Macht.

Wenn ich selber als Pfarrer reflektiere, weiß ich, der liebe Herr Jesus, der steht zu mir als Pfarrer. Wie ist es bei Ihnen? Steht der Herr Jesus hinter Offizieren und Managern, die sich manchmal so mit den harten Ellbogen durchs Leben kämpfen?

Es gab mal eine Zeit, da wurde Soldat sein ganz kritisch gesehen. Da gab es gute Bücher: „Soldat und Christ sein". Ich bin mir ganz sicher, dass sich das miteinander verträgt. Sogar bis zur letzten Instanz, wenn man töten muss. Das Töten wird immer eine Sünde sein, aber den Fall kann ich sehr gut konstruieren – und heute, wenn man auf der Welt sieht, was passiert –, dass das Töten als Mensch leider eine letzte Lösung sein kann. Das gilt für den Offizier und den Soldaten. Als Manager ist es so, dass man viel Verantwortung übernehmen muss, manchmal zu Themen, die einen selbst auch überwältigen. Und dann weiß ich eins: Da bin ich nicht alleine. Ich weiß nie, ob es dadurch besser wird für das, was ich zu entscheiden habe. Aber ich weiß, ich kann auf die Gnade von Jesus vertrauen.

Gibt es Beispiele für Themen, die Sie persönlich so überwältigt haben?

Ja, ich musste bei so einer Großorganisation mit weit über 100 000 Beschäftigten davon sprechen, ganze Abteilungen im Personal runterzufahren. Andere aufzubauen und zu verlagern, das heißt für einzelne

Menschen Schicksalsentscheidungen. Das zweite ist natürlich, alles in der Öffentlichkeit zu vertreten, was so eine große Organisation macht. In der Politik gut zu beraten, dass die Politiker ihrer Verantwortung nachkommen können. Nehmen Sie die Themen, die jetzt in der Debatte sind, wie Gerechtigkeit. Und überall dort versuche ich, verantwortungsvoll zu handeln, aber wir brauchen uns ja nichts vormachen. Wir als Menschen sind nicht perfekt, und da ist es für mich gut zu wissen, dass ich selbst noch jemanden habe, der mir das Vertrauen gibt.

Ein Mensch mit weißer Weste. Wie haben Sie das geschafft? Nicht für Negativschlagzeilen zu sorgen, sondern als positiver Mensch dazustehen und sich das auch zu bewahren?

Naja, also erstens nie alleine. Ich habe bei allen Themen hervorragende Kollegen und Kolleginnen, die mithelfen, jeder in seiner Rolle, jeder an seinem Platz. Ich habe auch selber, wenn Sie so wollen, verantwortliche, vertrauenswürdige Vorgesetzte. Das fängt an bei Politikern, die oft gescholten sind, aber bei denen ich genau weiß, die geben sich Mühe, fühlen sich dem Menschen verpflichtet. Bei manchen weiß ich auch, dass sie gläubig sind.

„Weiße Weste" – schön, wenn Sie es so sehen, ich kenne meine Schwächen und meine Fehler, insofern gibt es da auch trübe Flecken, was völlig normal ist. Und der Vorteil ist sogar, da ich weiß, dass ich eben nicht komplett heil durchkomme, weiß ich das auch bei anderen Menschen. Ich habe auch in der Bundeswehr Situationen erlebt, da hat es mir bis hier bis zum Hals gestanden, wenn andere Macht ausüben, nur weil sie da ein paar Sterne haben. Und dieses Bewusstsein macht mich wahrscheinlich doch ein bisschen verträglicher für andere.

Man weiß von Ihnen, dass Sie engagierter Christ sind. Hat Ihr Christsein im Arbeiten, zum Beispiel in der Bundesagentur für Arbeit, hat es da konkret einen Platz? Wissen es Ihre Untergebenen, Ihre Mitarbeiter?

Ich bin sparsam damit, denn ich will schon klar machen, dass jeder in dieser Organisation im öffentlichen Dienst geachtet ist, egal welche Orientierungen er hat, ob er gläubig ist, nicht gläubig ist oder einer anderen Religion angehört. Auf der anderen Seite verberge ich das auch nicht, denn ich habe genauso Respekt vor anderen, wie ich erwarte, dass man in dem Fall vor mir Respekt hat. Ich glaube nicht, dass man als Christ per se ein besserer Mensch ist. Das wäre ziemlich anmaßend. Da würde man ja fast gegen das erste Gebot verstoßen und wäre so ein bisschen Gott ähnlich. Es ist aber anders rum. Ich weiß, ich bemühe mich redlich, und wenn es nicht gelingt, dann bin ich sozusagen nicht alleine. In schwierigen Situationen bete ich und subjektiv habe ich das Gefühl, mir hilft es.

Man kann Frank-Jürgen Weise auch in der Gemeinde erleben. Sie gehören einer FeG an und sind dort jeden Sonntag in der Gemeinde, oder vielleicht sogar auch mal auf der Kanzel? Wie muss man sich das vorstellen?

Ich bin nicht sehr häufig da, weil ich viel unterwegs bin. Meine Frau und ich gehen gerne auch mal zu anderen Gottesdiensten. Auch mal an Ostern zu den Katholiken. Das finde ich sehr schön, die Gottesdienste, die ein strengeres Format haben, aber tatsächlich fühle ich mich in der Summe der evangelischen Kirche klar zugehörig. Nein, auf der Kanzel nicht. Ich bin kein Mensch des Wortes, ich bin ein Manager. Ein Mensch der Tat.

Schreiben Sie doch der evangelischen Kirche zum Reformationsjubiläum als Manager etwas ins Kirchenbuch.

Dass man die Wirtschaft und die Funktion beispielsweise des Managers auch gerade in der evangelischen Kirche achten muss. Es wird ja per se vom Glauben her auf die Menschen geachtet, die in Not sind, die krank sind. Jesus und sein gesamtes Leben waren darauf gerichtet. Aber man muss auch bedenken, was man erarbeitet und was dann Erfolg ist, ist im besten Sinne christlich gesprochen auch die Grundlage für das Gemeinwohl. Da habe ich den Eindruck, früher war die evangelische Kirche skeptisch gegen Soldaten, manchmal ist sie sehr skeptisch gegen Unternehmer und insofern bin ich dann ein Beispiel, was aber hoffentlich in die Kirche passt, dass solche Personen auch verträglich sind.

Letzte Frage: Ein Mann mit so viel Lebenserfahrung, mit so viel Weisheit, die er gesammelt hat, was hat der für ein persönliches Lebenscredo, oder eine Lebensphilosophie, die ihn durchträgt?

Na, langsam … nicht überhöhen. Ich erinnere mich sehr an meinen Konfirmationsspruch: „Sei getreu bis in den Tod, dann will ich dir die Krone des Lebens geben." Und wenn Sie so wollen, habe ich in meinem Leben ziemlich viel gedient. Ich war in Summe 15 Jahre lang aktiv Soldat, und dann bis heute Reserve, und ich habe 15 Jahre im öffentlichen Dienst gedient. Bundesagenturen, Bundesamt, und insofern ist es schön zu wissen, dass ich meinen Beitrag geleistet habe. Die Bewertung, ob das segensreich war oder nicht, müssen die Menschen machen, die mit mir zu tun hatten.

Gott hilft spätestens rechtzeitig

Christine Papajewski

Auf der Sonnenterrasse von Pinea habe ich einen ganz besonderen Gast getroffen – Christine Papajewski. Dies ist der Ort, an dem wir uns vor vielen Jahren kennengelernt haben.

Bring doch mal kurz auf den Punkt: Was ist Pinea?

Pinea ist eine wunderschöne Freizeit- und Hotelanlage auf der Mittelmeerinsel Korsika, direkt am Meer gelegen. Gegenüber sind die Berge. Es gibt ungefähr 180 Appartements, in denen man super Urlaub machen kann, Urlaub für Körper, Seele und Geist!!

Wie lange gibt es Pinea jetzt schon? Über 30 Jahre?

Seit 1986.

Und warum ausgerechnet Christine Papajewski und Pinea? Wie kommt man dazu, alles zu verlassen? Du bist ja eigentlich Deutsche ...

(lächelnd) Weil beides mit P anfängt, Papajewski und Pinea.

War das die Motivation?

Nein. Ich war 1975 hier im Urlaub. Ich dachte: Das ist so toll. Hier könntest du dir vorstellen, zu arbeiten. Und dann habe ich mich nach meinem Urlaub einfach beim Missionswerk beworben und gefragt, ob sie nicht eine Stelle frei haben. Es war fast, als ob sie darauf gewartet hätten. Ich habe dann 1976 angefangen und war von Anfang an gleich bei dieser Korsika-Arbeit dabei.

Bist du in der Zwischenzeit von der Mentalität her schon mehr Korsin oder doch noch bodenständige Deutsche?

Also, wenn die Korsen humorvoll sind, dann bin ich Korsin. Aber ich bin schon Deutsche geblieben. Es schlägt so ein kleines korsisches Herz in mir. Ich habe mich den Korsen schon angepasst und freue mich, viele Korsen zu kennen. Ich habe nicht nur mit den deutschen Urlaubern zu tun, sondern inzwischen auch viele korsische Freunde gefunden.

Euer Motto ist wunderbar: Leben mit Gott in Frankreich. Es ist natürlich wunderschön hier. Du selber lebst auch mit Gott und hast hier ganz viel erlebt. Doch dann kam plötzlich mit dem Ruhestand zusammen eine unerwartete Diagnose. Erzähl uns davon.

Ich war dreißig Jahre in der Korsika-Arbeit tätig und habe das immer von Herzen gerne getan. 2009 sollte oder wäre ich normalerweise in den Ruhestand gegangen, ich habe hier aber noch die ganze Saison durchgezogen und das war richtig super. Als ich dann im Oktober 2009 zurückfuhr, dachte ich: Irgendwie bist du sehr kaputt. Ich war ca. zwei Wochen zu Hause und musste zu einigen Routineuntersuchungen. Vier Wochen später hatte ich dann die Diagnose: Brustkrebs. Obwohl ich nichts geahnt habe, nichts gespürt habe ...

Also aus heiterem Himmel ...

Ja, plötzlich die Diagnose Brustkrebs. Ich hatte immer ein Thema für eine Saison und in dem Jahr hatte ich das Thema „Blickpunkte" und dazu das Themenlied „Du hast mich im Blick" ausgesucht. Das habe ich natürlich zu Gott gesagt: Du hast mich im Blick, auch jetzt. Für das nächste Jahr hatte ich bereits das nächste Thema vorgeplant und – als ich noch nichts von der Krankheit wusste – das Thema „Ruhezeiten" ausgewählt. So habe ich dann also ganz andere Ruhezeiten erlebt als erwartet.

Es kam dann eine Zeit zwischen Hoffen und Bangen. Diagnosen, Arztbesuche, Operationen, Chemos und so weiter. Hadert man da nicht ab und zu mit seinem Schicksal?

Das habe ich eigentlich nicht, weil ich so schockiert war, dass ich gar nicht reagieren konnte. Aber ich habe sofort nach der Diagnose einen Bibelvers gelesen: „Du wirst leben und nicht sterben." Das war für mich wie ein Seil, an dem ich mich festgehalten habe. Ich habe mir das überall aufgeschrieben, habe es mir in die Küche gestellt, ins Schlafzimmer, in mein Büro, überallhin, und wusste: „Du wirst leben und nicht sterben." So bin ich in die Operation und in die ganze Therapie gegangen und jetzt stehe ich hier nach acht Jahren.

Und zwar wie? Bist du geheilt?

Man sagt ja immer, man ist nach so und so viel Jahren geheilt. Es waren immer wieder mal Verdachtsdiagnosen da, es ist immer wieder Anspannung da, aber ich lebe gut. Ich genieße. Ich freue mich wirklich jeden Tag neu. Jeder Tag ist ein Geschenk!

Hat sich durch diese Zeit irgendwas an deinem Gottesbild verändert?

Ja, dass ich mich sehr an seinem Wort festhalte. Dass ich einfach sage: Das ist mein Halt. Alles andere, auch was mir Menschen zusagen, ist lieb und hilfreich, aber ich habe einfach gelernt, mich absolut an Gottes Wort festzuhalten.

Ich finde das gar nicht so einfach. Du warst hier ja so etwas wie Moderatorin, aber auch Entertainerin. Du hast wunderbar auf die Gruppen gewirkt, auf hunderte Gäste pro Saison und bist so ein lebenslustiger, lebensmutiger Mensch. Und dann plötzlich so etwas. Empfindet man das als gerechten Lohn Gottes für so eine Arbeit, für so ein großes Engagement?

Ich glaube einfach, und das habe ich im Nachhinein gesehen, dass Humor eine Gabe Gottes ist. Und Gott hat mir so viel Humor geschenkt, dass das selbst in der schwersten Chemotherapie und Bestrahlung und Krankheitszeit durchkam. Der Humor und das Fröhliche sind irgendwie geblieben.

Jeden Tag hast du irgendwelche interessanten Sprüche an die Wand gezaubert, mit denen du auch die Gäste hier auf neue Gedanken bringen wolltest. Was ist denn dein persönliches Lebensmotto, das dich durch die Jahre getragen hat?

Den Spruch werden viele kennen, die mich kennen, und der ist bis heute mein Lieblingsmotto: „Gott hilft spätestens rechtzeitig."

Das muss ich mir merken. Den kannte ich noch nicht.

Gott hilft spätestens rechtzeitig. Und ich weiß, dass ich das Gott einmal vorgehalten habe und gesagt habe: Herr, du hast doch gesagt, spätestens rechtzeitig! Und dann war mir, als ob Gott von oben her sagt: Christine, natürlich spätestens. Aber echt rechtzeitig.

Gott kann
jeden gebrauchen

Werner Ambacher

Ein Blinden-Langstock gehört zu seinem ganz wichtigem Handwerkszeug. Werner Ambacher ist von Geburt an stark sehbehindert, aber er hat das Leben gemeistert und ist heute Pfarrer.

Wenn Sie mit diesem Stock durch die Gegend laufen, ist Ihnen das manchmal peinlich oder stehen Sie dazu?

Ich stehe dazu, weil er mir hilft. Sonst falle ich Treppen runter, die ich vorher nicht sehe. Und viele Treppenstufen sind unmöglich bis katastrophal gekennzeichnet.

Das sagen Sie einer Gesellschaft, die sich Inklusion auf die Fahnen geschrieben hat. So weit ist es damit wohl noch nicht ...

Es ist noch ein weiter Weg, aber wir sind immerhin schon auf einem Weg.

Gehen wir auf Ihrem biografischen Weg noch einmal zurück bis ganz an den Anfang. Ich selber habe als Kind auch immer wieder Augenoperationen gehabt. Das hatte zur Folge, dass ich in der Grundschulklasse wegen der dicken Hornbrille von anderen Kindern gehänselt und ausgelacht wurde und Außenseiter war. Wie war das für Sie? Erinnern Sie sich gerne an Ihre Kindheit?

Diese Erfahrungen habe ich auch gemacht, aber sie waren nicht alles. Es war schon so, dass ich im Sport nicht alles mitmachen konnte. Fußball spielen oder an Wettkämpfen teilnehmen, über die Möglichkeit des Blindensports oder Behindertensports habe ich noch nicht so viel gewusst. Dort mitzumachen hätte mir vielleicht viele Frusterlebnisse erspart.

Und trotzdem sind Sie Ihren Weg gegangen. Wie ist das, wenn man von Geburt an Dinge nicht kann, die andere können? Ist man da manchmal verzweifelt, ist man ein Kind von Traurigkeit?

Nein, das war eher normal, weil ich nichts anderes kannte. Natürlich habe ich gemerkt, da und da kann ich nicht mitmachen, das und das geht nicht. Aber ich habe mir meine Ersatzbeschäftigungen gesucht und das waren damals auch Bücher. Mit einer Lupe oder einer starken Lesebrille konnte ich Bücher lesen und ich war ein richtiger Bücherwurm damals. Auch schon in der Grundschule.

Und dann sind Sie Ihren Weg weitergegangen und sogar Pfarrer geworden. Sie haben Abitur gemacht, Theologie studiert, einer der schwierigen Studiengänge. Was hat Ihnen die Kraft gegeben, diesen Weg so zu gehen?

Ich hatte schon immer ein Interesse an biblischen Geschichten und habe den Religionsunterricht auch sehr interessiert verfolgt. Es gab dann allerdings auch diese Widersprüche, wenn ich in den Kinderlexika von der Evolution gelesen habe und dass Gott eigentlich keinen Platz habe, habe ich mir schon die Frage gestellt, was stimmt nun eigentlich? Ich habe erst sehr spät, in der zwölften Klasse, Erlebnisse gehabt, die mir gezeigt haben: Gott kann und will mich gebrauchen. Gerade auch, um das weiterzugeben, was er mir mit dem Rest Augenlicht und auch mit seiner Liebe geschenkt hat. Auch durch die Liebe meiner Eltern.

Das heißt, Sie hatten Menschen, die Sie geprägt haben. Menschen, die Ihnen Kraft gegeben haben, an sich zu glauben, aber auch an Gott zu glauben.

Ja, ich bin in meinem Elternhaus christlich erzogen worden. Ich war in einer recht traditionellen Gemeinde, die auch vom Pietismus geprägt war. Damit habe ich mich natürlich immer wieder auseinandergesetzt und daran gerieben. Und diese Auseinandersetzung begleitet mich. Sie hat mich durchs Studium begleitet, sie hat mich auch durch meine ersten Berufsjahre begleitet, sie begleitet mich nach wie vor. Ich denke, es gehört zum Glauben, sich mit Dingen auseinanderzusetzen, auch Kritisches an sich heranzulassen und sich auch an so manchen Sätzen in der Bibel mal richtig zu reiben.

Gibt es da einen Beispielsatz, an dem Sie sich immer wieder reiben?

Ja, solche Sätze wie „Wen Gott liebt, den züchtigt er." Wobei mir klar ist, dass der oft aus dem Zusammenhang gerissen und allgemein für das Schicksal des Menschen missbraucht wird. Im Zusammenhang steht ganz klar und deutlich, dass damit gemeint ist, dass der Mensch seine Unvollkommenheit und die Tatsache, dass er anderen immer wieder Unrecht tut, entdeckt. Das ist eine von Gott geschenkte Erfahrung, die gleichzeitig aber auch schmerzhaft ist.

Das ist ein ganz spannendes Thema. Im Advent feiern wir Jesus in unserer Mitte, als den, der Blinde sehend machen kann. Zweifeln Sie als Prediger, Pfarrer, Vollbluttheologe manchmal an solchen Heilungswundern und fragen sich: „Jesus, warum tust du so was nicht an mir?" Oder haben Sie mit diesem Thema abgeschlossen?

Das habe ich mich immer wieder gefragt. Besonders auch, als ich mal ein Vierteljahr in der Augenklinik in Erlangen war und mein Restaugenlicht auf Messers Schneide stand. Ich habe von einem Theologen, Ulrich Bach, gelernt, dass man diese Heilungswunder nicht nur aufs Medizinische reduzieren, sondern auch im übertragenen Sinne verstehen sollte. Man sagt ja auch: „Der blickt es nicht, auch wenn er Augen wie ein Adler hat." Aber es geht darum, dass ich Gott sehe, ihn erkenne, und dass ich auch meine Mitmenschen und ihre Bedürfnisse sehe. Ich denke, wir alle brauchen da eine Brille oder Kontaktlinsen im übertragenen Sinne.

Sie nehmen Bedürfnisse von anderen Menschen wahr. Sie sind heute als Pfarrer auch in der Altenheimseelsorge. Wie kommen Sie mit den Menschen zurecht, die nicht mehr so gut sehen, die vieles vergessen, die gebrechlich sind und an ihre Grenzen stoßen? Haben Sie ein besonderes Herz für sie? Und wie reagieren diese Menschen auf Sie als Pfarrer?

Da gibt es eben, wie man so schön sagt, „sotte und sotte".

Das ist schwäbisch und heißt „solche und solche".

Es gibt manche, die finden das gewöhnungsbedürftig, weil sie denken, jemand in so einer Position sollte auch körperlich intakt sein. Dann gibt es aber auch solche, die denken: „Ja, der kann mich verstehen." Insgesamt ist dieses Miteinander immer ein Wagnis und es ist immer individuell. Mal kommt eine Vertrauensbeziehung zustande, mal eben eher nicht. Und ich denke, da muss auch ich noch mehr Freiheit entwickeln und weniger zwanghaft sein. Es funktioniert eben nicht immer. Das ist etwas, was wir in der Seelsorge noch mehr lernen können und noch mehr lernen müssen.

Ich habe mich vorhin gefreut, Ihnen am Buffet den Teller zusammenstellen zu dürfen. Das heißt, Sie brauchen einiges an Hilfe. Was erwarten Sie von mir oder von anderen im Umgang mit Ihnen? Was brauchen Sie als Mensch, der hilfsbedürftig ist?

Da bin ich auch am Ausprobieren. Ich muss noch mehr lernen, Hilfe anzunehmen, wenn ich sie wirklich brauche, und auch Formen finden, da Nein zu sagen, wo Menschen mich mit sogenannter Hilfe eher kleinmachen wollen. Wo es dann eher um Macht geht. Auch das gibt es leider.

Advent, das heißt, wir warten auf den, der uns zum Heil und zur Hilfe kommt. Darf ich Sie zum Abschluss fragen: „Was bedeutet Ihnen denn Advent?"

Ich warte auch darauf, dass Jesus Christus wiederkommt. Dass Gott in diese Welt so eingreift, dass sie wirklich für alle zu einer lebenswerten Welt wird. Und vor allem, dass dann Tod, Leid und Gewalt aus dieser Welt verschwinden. Daran können und sollen wir jetzt schon arbeiten. Aber wir Menschen können nicht alles, wir können vor allem nicht den Tod besiegen.

Da sind wir fast schon bei Ostern.

Das gehört zusammen.

Sie sind ein großer Ermutiger, auch als Pfarrer in der Kirche. Sie zeigen uns, dass man auch mit Grenzen leben kann und Gott einen zum Segen setzt.

Hoffnungsgeschichten Band 1

22 wahre Lebensberichte

Noch mehr Hoffnungsgeschichten von Menschen, die ihr Leben trotz Schicksalsschlägen meistern.

Mit Detlev Beau, Wolfgang Bosbach, Ghia Falk, Frida Gashumba, Cornelia Gorenflo, Tanja Kieß, Johannes Kneifel, Samuel Koch, Jürgen Mette, Josef Müller, David Neufeld, Prinz Philip Kiril von Preußen, Déborah Rosenkranz, Annette Schavan, Rainer Schmidt, Inge Schneider, Karl Schock, Michael Stahl, Volker Teich, Adelheid Thomas, Jaqueline Walcher-Schneider, Martin Wurster

Bestell-Nr. 52 50510
www.cap-books.de
72221 Haiterbach-Beihingen
info@cap-music.de
07456-9393-0

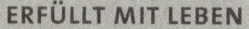

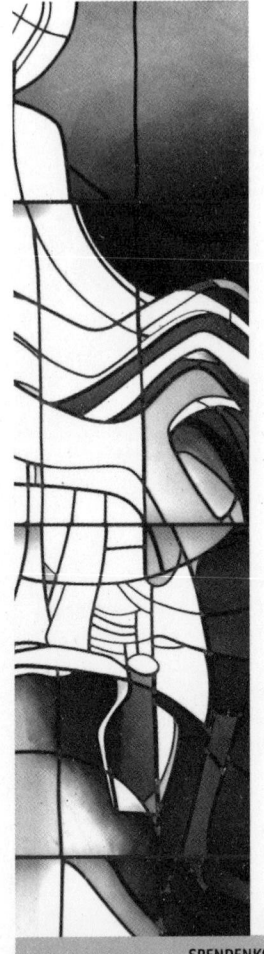

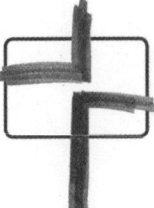